BIBLIOTHÈQUE ILLUSTRÉE
PRIX
SÉRIE

# L'ARMÉE

DEPUIS LE MOYEN AGE

JUSQU'A LA RÉVOLUTION.

Imp Firmin-Didot à Paris

COSTUMES DE L'ARMÉE FRANÇAISE.

# L'ARMÉE

## DEPUIS LE MOYEN AGE

## JUSQU'A LA RÉVOLUTION.

### ÉTUDE ILLUSTRÉE

D'APRÈS LES OUVRAGES

## DE M. PAUL LACROIX,

SUR LE MOYEN AGE, LA RENAISSANCE, LE XVII<sup>e</sup>
ET LE XVIII<sup>e</sup> SIÈCLE.

OUVRAGE ORNÉ DE 165 GRAVURES
ET D'UNE CHROMOLITHOGRAPHIE.

PARIS,

LIBRAIRIE DE FIRMIN-DIDOT ET C<sup>ie</sup>,

IMPRIMEURS DE L'INSTITUT, RUE JACOB, 56.

1886.

# NOTE DES ÉDITEURS.

———

Lorsque nous avons entrepris de publier la série de volumes dont celui que nous présentons au public est le type, nous avons pensé qu'il serait intéressant de reprendre à un autre point de vue l'idée qui a inspiré les études si connues de M. Paul Lacroix publiées par notre maison. Nous voulons dire qu'au lieu de prendre chaque époque dans son ensemble et de la montrer en un ou deux volumes sous tous ses aspects divers de mœurs, de sciences et d'arts, il serait utile à la jeunesse, à qui les livres actuels sont plus particulièrement dédiés, de lui montrer, à travers les âges, l'histoire de chacune des classes de la société, de faire ainsi successivement l'histoire militaire, l'histoire artistique, l'histoire ouvrière de notre pays, par un texte soigneusement mis à la portée des jeunes intelligences auquel il s'adresse et par le meilleur des enseignements, celui qui se fait par les yeux, par l'image. Il est clair que dans un pareil travail nous devions utiliser le récit de M. Paul La-croix; mais, comme la différence des points de vue néces-sitait une disposition différente des matières présentées dans un ordre particulier, nous avons dû nous borner, au lieu de reproduire intégralement le texte du Bibliophile Jacob, à en faire de nombreuses citations enchâssées dans la nar-ration générale confiée par nous à la plume exercée de M. Louisy. Les principales citations qui nous ont permis de conserver à ce résumé l'esprit des grandes publications qui ont acquis une si légitime autorité au Bibliophile, se trouvent aux pages suivantes :

Pages 3, 8, 12, 13, 15, 18, 26, 30, 32, 44, 91, 114, 117, 130, 137, 154, 158, 160, 168, 185, 191.

# L'ARMÉE

## DEPUIS LE MOYEN AGE

## JUSQU'A LA RÉVOLUTION.

### CHAPITRE PREMIER.

Les Gaulois. — Invasions des barbares. — Attila. — Théodoric s'empare de l'Italie. — Organisation des fiefs militaires. — Défense des cités. — Génie militaire de Charlemagne. — Conquête de l'Angleterre par les Normands. — Armes en usage vers la fin du onzième siècle.

'ART de la guerre avait atteint son plus haut degré de perfection chez les Romains lors de la conquête des Gaules par Jules César. Bien que les Gaulois, unis de race mais divisés en nombreuses confédérations, n'eussent à opposer aux envahisseurs qu'une organisation militaire des plus défectueuses, il ne fallut pas moins de huit campagnes pour les vaincre et les réduire à l'impuissance (50 av. J.-C.).

En Gaule, ainsi que chez la plupart des peuples barbares, tout homme était soldat; il n'y avait d'exception que pour les prêtres ou druides. Chaque année, les nobles, qui portaient pour marque distinctive un collier d'or (*torques*), s'assemblaient en conseil et délibéraient sur les affaires de la nation, soit les colonies à fonder, soit les guerres à entreprendre (fig. 1 et 2). L'expédition résolue, le noble devait y prendre part avec ses *dévoués*, clients et serfs : le nombre de ceux qui le suivaient était le signe de sa puissance. L'Helvète Orgetorix amena plus de 10,000 hommes au rendez-vous de guerre. L'existence des dévoués (*devoti*) formait un des traits les plus saillants du caractère à la fois batailleur

Fig. 1. — Extrémité d'un collier d'or.          Fig. 2. — Casque gaulois (face).

et chevaleresque de nos aïeux. Ainsi le chef des Sotiates, peuple d'Aquitaine, en entretenait 600 auprès de lui, tous ayant fait vœu de le défendre et de mourir pour lui.

On aurait tort de croire que les Gaulois n'avaient point de tactique. Si, aux temps anciens, ils se bornaient à fondre sur l'ennemi dans un élan irrésistible et à le combattre avec un courage qu'ils puisaient dans leur mépris absolu de la mort, il n'en était plus de même un siècle avant l'ère chrétienne. César signale leur grande aptitude à l'imitation; aussi, fait observer M. Dussieux, avaient-ils modifié leur épée, trop large et trop lourde et faite pour porter des coups de taille; avaient-ils appris l'art des sièges, et dans plusieurs batailles on trouve chez eux quelques manœuvres et une tactique assez habiles. Quant à Vercingetorix, il savait la guerre, et l'on ne peut nier qu'il eût des plans de campagne bien conçus.

Sous la domination romaine, la Gaule fut maintenue dans l'obéissance par huit légions, campées le long du Rhin, et recrutées en majeure partie parmi les vaincus. L'armée forma une caste militaire, d'autant plus dangereuse qu'elle contenait beaucoup d'éléments grossiers; le service militaire devint un métier, et à dater du quatrième siècle, l'obligation en fut attachée, non à la personne, mais à la propriété : tant de mesures de terre, tant d'hommes à fournir.

En 451, sous le règne de l'empereur Valentinien III, qui avait traité à prix d'or avec les barbares, au lieu de les repousser par la force des armes, Attila, roi des Huns, se précipita sur l'Europe à la tête de 700,000 combattants, de différentes races. En moins de trois mois, il eut franchi et dévasté la Moravie, la Bohême, la Hesse, le Wurtemberg, traversé le Rhin au-dessous de Strasbourg, la Moselle à Trèves et à Metz, la Meuse à Tongres, l'Escaut à Tournay; puis, après deux sanglantes excursions en Bourgogne et dans l'Orléanais, il va planter ses tentes dans les plaines de la Champagne. Attila évitait les batailles rangées; d'ordinaire, il tournait les places fortes, dont il pillait et saccageait seulement les faubourgs; il ravageait les campagnes, incendiait les villages, massacrait d'inoffensives populations.

A la nouvelle de cette terrible invasion, l'Occident s'était ému. Aétius, duc des Romains dans les Gaules, avait appelé à lui les confédérés de l'Armorique, les Francs Ripuaires, les Francs Saliens, dont le chef était Mérovée, les Burgondes, les Visigoths méridionaux, qui avaient pour roi Théodoric, et une multitude d'auxiliaires germains, tels que Saxons, Bataves, Suèves, Alains et Sarmates (fig. 3). Cette nombreuse armée, répartie en corps de nation, marcha au-devant des barbares et les rencontra aux environs de Châlons-sur-Marne. La lutte dura trois jours, et 2 ou 300,000 morts ou blessés restèrent sur le champ de bataille. La défaite des Huns fut complète. Mort, en 455, dans une orgie, le farouche Attila, qui s'était surnommé lui-même *le Fléau de Dieu*,

Fig. 3. — Auxiliaires germains et gaulois, l'un portant des braies (*braccæ*), l'autre une tunique; d'après un monument romain du iie siècle.

venait de traverser son siècle comme un fatal météore, sans laisser d'autre trace que des ruines.

La guerre continuait sans paix ni trêve sur tous les points de l'Europe, guerre de races, guerre de partis, guerre de pillage, guerre implacable et sanguinaire. Le désordre politique était à son comble dans le vieux monde, lorsqu'en 489, Théodoric, roi

des Goths d'Orient, qui était à la solde de l'empereur Zénon,
résolut d'occuper ses sujets, en les menant à la guerre contre
Odoacre, roi des Hérules, lequel réunissait alors sous sa domination la Sicile et la péninsule italique. Cinq ans de luttes le rendirent maître des Hérules, et l'Italie conquise, il distribua ses soldats

Fig. 4. — Seigneurs ou chevaliers gallo-romains au iv<sup>e</sup> siècle; sculptures du tombeau
du consul gaulois Jovinus, général d'armée sous l'empereur Julien, à Reims.

dans les diverses provinces, de manière que leur solde et leur
subsistance demeurassent assurées pendant la paix comme pendant la guerre.

Le système de gouvernement et d'administration établi par
Théodoric eut l'avantage de disséminer 200,000 hommes de
troupes aguerries au milieu de populations qui, heureuses de se

voir dispensées du service militaire, et d'ailleurs peu chargées d'impôts, laissaient se consolider l'œuvre de la conquête. Les *millénaires* (soldats groupés par mille), occupant avec leurs familles certains territoires distincts, devaient se tenir sous les armes, toujours prêts à marcher, dès que la défense ou la tranquillité du pays l'exigeait. Théodoric avait dès lors reconnu l'utilité des gardes urbaines.

Le gymnase de Ravenne recevait l'élite de la jeunesse organisée militairement, et le roi lui-même présidait aux exercices et aux leçons (fig. 4). Ses milices ressemblaient aux vieilles légions de Rome, pour l'ordre, la discipline, l'instruction et l'armement. Le bonnet de fer, le bouclier, l'épée large et les flèches des Goths avaient été remplacés par la lance, le javelot et le casque des Romains. Les anciens soldats recevaient du trésor royal, en qualité d'instructeurs, un *donatif* particulier, lequel cessait d'être payé annuellement quand le vétéran prenait sa retraite définitive. S'agissait-il d'opérer quelque mouvement de troupes, les intendants présidaient, sous les ordres des comtes, aux subsistances, au rassemblement ainsi qu'à la marche des différents corps d'armée. Les officiers provinciaux étaient chargés de distribuer les équipements, les vivres, la solde, sur divers points de la route que ces troupes devaient suivre, et l'habitant n'avait pas à fournir autre chose que le logement, servitude militaire à laquelle nul ne pouvait se soustraire.

Partout l'ordre avait été donné de fortifier les villes; en outre, beaucoup de camps retranchés couvraient l'Italie. Les châteaux, construits pour garder les frontières, regorgeaient ordinairement de troupes, à l'entretien desquelles pourvoyait le préfet du prétoire, mais dont l'indiscipline, à vrai dire, exigeait souvent une répression sévère. « Conservez l'esprit militaire, qui se plie dif-

ficilement à la règle envers les personnes civiles, » écrivait Théodoric au duc Servatus, un de ses généraux.

Si l'on a lieu d'être surpris de rencontrer une telle rectitude de
sens moral chez le roi d'un peuple réputé barbare, mais déjà pres-

Fig. 5. — Statue équestre de Clovis, roi des Francs, par Erwin de Steinbach (xiii<sup>e</sup> siècle),
placée au-dessus du grand portail de la façade de la cathédrale de Strasbourg.

que civilisé par le contact des populations de race latine, on ne serait pas moins étonné de voir, dans les guerres qui remplissent les
années 507, 508 et 509, d'autres rois barbares, Alaric, Clovis (fig. 5),
Gondebaud, Thierry, mettre en œuvre et appliquer avec art les règles de la statégie gréco-romaine, soit qu'ils eussent à exécuter de

longues et difficiles manœuvres militaires, soit qu'en attaquant ou en défendant les villes fortifiées d'Avignon, de Carcassonne, d'Arles, il leur fallût déployer toute la science poliorcétique que réclamait alors la conduite des sièges.

Ce serait aller trop loin, toutefois, que d'attribuer aux chefs barbares de cette époque la moindre instruction acquise des choses militaires; ils agissaient le plus souvent d'après les conseils et l'expérience des officiers romains qu'ils avaient pris à leur solde. Au moment de l'invasion, les armées des Francs n'avaient point d'organisation régulière. Les principaux chefs étaient accompagnés de leurs *leudes* ou fidèles; ces leudes, à leur tour, emmenaient avec eux des hommes d'un rang inférieur, et tous sans distinction, aux jours de bataille, combattaient vaillamment, n'opposant à la discipline, à la tactique des Romains qu'une audace aveugle et une fougue non moins irrésistible que celle des Gaulois. Mais tandis que la principale force de ceux-ci consistait en cavalerie, les Francs allaient surtout à pied; leurs armes étaient fort grossières : la francisque ou hache à un ou deux tranchants, l'épée mince, plate et aiguë, le scramasaxe ou forte dague, la framée, espèce de pique de la hauteur de l'homme, l'angon, autre pique à double crochet barbelé, et aussi l'arc et les flèches. Un bouclier rond, en bois et recouvert de cuir, protégeait leur corps, nu presque toujours; ils ne portaient ni casques, ni cuirasses, ni bottes.

A peine un semblant d'ordre régnait-il parmi ces masses indisciplinées, dont le pillage était en guerre l'unique mobile. Les premiers rois mérovingiens, actifs et ambitieux, parvinrent à s'en faire obéir; mais elles retombèrent dans une complète anarchie sous leurs successeurs, faibles, insouciants et corrompus.

A mesure que diminuait en Europe la prépondérance des Goths, Ostrogoths et Visigoths, celle des Francs et des Lombards s'ac-

croissait. Avec ces derniers commença, d'abord en Italie, le système féodal, fondé sur la possession des territoires conquis. Les
vainqueurs établissaient leur camp au milieu du domaine occupé,

Fig. 6. — Costume militaire du sixième au dixième siècle; d'après les miniatures
des *Dialogues de saint Grégoire*. Manuscrit du xi<sup>e</sup> siècle.

s'emparaient d'une partie considérable des terres, réduisaient en
servitude une partie des colons et imposaient de lourds tributs à
ceux qu'ils n'avaient pas dépouillés. Le roi ayant d'abord distribué
les terres à titres de fiefs entre ses principaux officiers, ces grands
feudataires opérèrent alors sur ces terres, qui leur étaient al-

louées par le suzerain, un second partage au profit de leurs hommes d'armes ou satellites, et ces derniers concédèrent ensuite, de la même manière, une part de leurs biens immeubles aux simples soldats. L'obligation du service personnel, la subordination hiérarchique de la vassalité, furent la conséquence rigoureuse de l'institution féodale.

C'est donc au dixième siècle que remonte, selon toute probabilité, l'établissement de l'arrière-ban ou *ban fieffé*, sorte d'appel des vassaux en armes, fait dans une banlieue, et que le suzerain avait seul le droit d'ordonner. Peu s'en fallut, un siècle plus tard, que la féodalité, qui tendait alors à se constituer dans la Gaule comme en Italie, à la suite des conquêtes de la race franque, ne vînt à disparaître devant l'invasion musulmane des Maures en Espagne, que leur chef Abdérame avait conduits jusqu'aux bords de la Loire : Charles Martel, duc d'Austrasie, la refoula au delà des Pyrénées en lui infligeant une sanglante défaite.

Devenu maître du royaume des Francs, Charles rétablit parmi ses compatriotes l'esprit militaire, qui avait à peu près disparu; dix campagnes au delà du Rhin les fortifièrent et les rompirent à une sorte de discipline. L'armée qu'il conduisit contre les Maures était composée, suivant l'habitude, de tous les contingents du pays. « Les Francs, surtout ceux d'Austrasie, » rapporte Fauriel, « en étaient l'élite, la partie la plus belliqueuse et la plus imposante. C'était la première fois qu'eux et les Arabes se trouvaient en présence sur un champ de bataille, et tout permet de croire que les derniers n'avaient point vu jusque-là d'armée en si belle ordonnance, si compacte dans ses rangs, tant de guerriers de si haute stature, décorés de si riches baudriers, couverts de si fortes cottes d'armes, de boucliers si brillants, et ressemblant si bien par l'alignement de leur masse à des murailles de fer (fig. 6). » Abdérame ne se décida à attaquer qu'au bout d'une semaine d'hésitation. Le

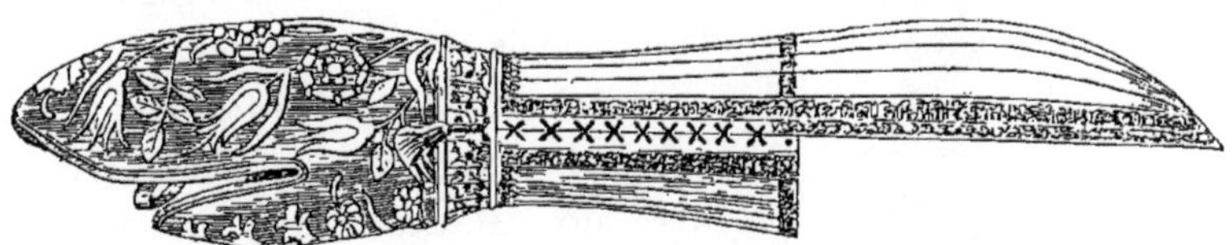

Fig. 7. — Armes mauresques du onzième au quatorzième siècle. — Brassard. Tiré de l'*Armeria real* de Madrid, publié par M. Ach. Jubinal.

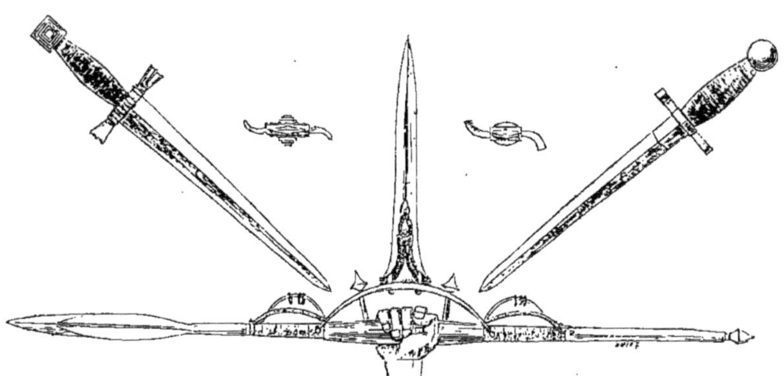

Fig. 8. — Armes mauresques. — Adargue et poignards. *Armeria real* de Madrid.

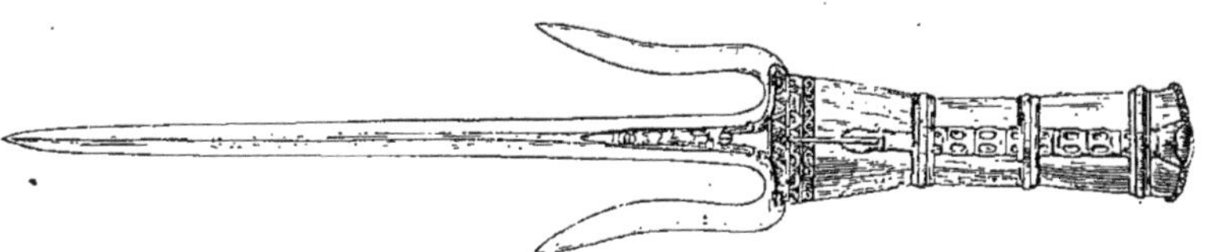

Fig. 9. — Armes mauresques. — Trident. *Armeria real* de Madrid.

premier jour, il lança en avant toute sa cavalerie, et renouvela cette charge furieuse le lendemain avec aussi peu de succès que la veille. Profitant du désordre produit par la surprise de leur camp,

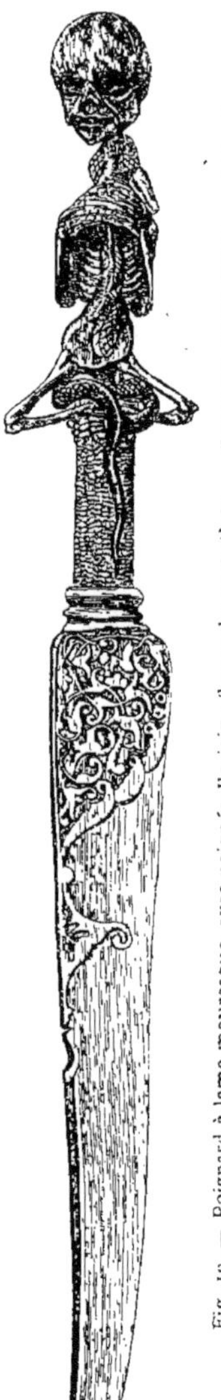

Fig. 10. — Poignard à lame mauresque, avec poignée d'origine flamande. xivᵉ siècle. — Collection de M. Onghena, à Gand.

Charles assaillit les Maures et en fit un immense carnage. Ce fut là qu'il gagna, dit-on, le surnom de Martel ou Marteau.

Après cette éclatante victoire de Poitiers (732), où la civilisation arabe laissa le champ libre aux défenseurs de la foi chrétienne, l'armée victorieuse changea tout à coup d'aspect : les nobles francs héritèrent des riches armures sarrasines, dont nous pouvons nous faire une idée par celles des siècles postérieurs (fig. 7 à 10); la cavalerie fieffée se couvrit d'un tissu de mailles, semblable à celui des anciens Parthes, et la masse d'armes fut dès lors l'accessoire obligé de l'armement d'un guerrier de haut rang, tandis que l'arc, depuis longtemps abandonné, reprit faveur et fut spécialement attribué à l'infanterie.

L'art de la guerre, où Pépin le Bref s'était distingué, ne pouvait que faire des progrès et se perfectionner sous le règne de Charlemagne, qui fut une longue suite d'expéditions et de conquêtes. L'empereur des Francs avait su, en homme de génie, tirer le meilleur parti possible des créations de ses devanciers. Aux traditions guerrières de la Grèce et de Rome il ajouta successivement ce qu'exigeait la nature des ennemis qu'il eut à combattre en plus de cinquante campagnes : trente contre les Saxons, les Danois, les Slaves et les Avares, afin de mettre un

terme au débordement des barbares sur l'Occident; douze contre
les Arabes, qui menaçaient sans cesse la population méridionale;
cinq contre les Lombards, etc. Habile capitaine, il savait combiner
un plan de campagne; il reprit beaucoup aux Romains; il fit jeter
à plusieurs reprises des ponts sur l'Elbe et le Danube, utilisa les
flottes, et ravitailla ses troupes au moyen de convois qui les suivaient. Il s'efforça d'établir une police sévère, en réprimant le
pillage et l'ivrognerie, en exigeant l'obéissance.

Il maintint le service féodal du *ban,* il établit des cadres permanents de milice, composés de ses propres serfs ou vassaux; mais
dès qu'il entreprenait une expédition lointaine, ses auxiliaires, dix
fois plus nombreux que ses feudataires, formaient plutôt une
armée germanique et austrasienne qu'une armée française. Il fit
bâtir beaucoup de forteresses sur le sol de son vaste empire,
mais ne souffrit pas que ses sujets en élevassent pour leur propre
compte. Charlemagne, toutefois, ne paraît pas avoir attaché
d'importance, pour la garde du territoire, aux grandes villes fer-
mées, dans lesquelles il aurait pu tenir en réserve un amas de
troupes considérables; lui-même n'habitait guère que des rési-
dences rurales et des villages ouverts et non retranchés, que protégeaient à peine quelques postes militaires; au premier signal, il
est vrai, une armée de *fidèles* et de serviteurs se serait levée,
comme un seul homme. Mais, en aucun cas, Charlemagne n'eût
consenti à se cacher derrière des murailles pour attendre l'ennemi:
c'était toujours l'ancien Germain, recherchant, pour combattre,
les plaines plutôt que les pays accidentés; estimant la cavalerie bien
plus que l'infanterie; préférant les luttes directes, les combats
corps à corps, aux assauts de *jet,* que les frondeurs et les archers
effectuaient à distance. Il remporta ses principales victoires en
rase campagne, où il pouvait déployer les masses de ses cavaliers

bardés de fer ; il ne s'arrêtait pas volontiers devant les places fortes, et celles dont il s'empara furent plutôt réduites par la famine que régulièrement assiégées ; il ne fut pas heureux dans les guerres de montagnes, comme le prouve le désastre de Roncevaux (778), où périt l'arrière-garde des Francs avec le comte palatin Roland, son neveu (fig. 11).

Les héritiers de Charlemagne n'ont été ni les rois de France ni les empereurs d'Allemagne, mais bien les seigneurs féodaux, possesseurs des grands fiefs ; et leur puissance devint d'autant plus considérable, qu'en 853 un édit de Charles le Chauve avait ordonné de reconstruire les anciens manoirs, d'en réparer les ouvrages de défense et d'en bâtir de nouveaux, afin d'arrêter les invasions dévastatrices des Normands, des Sarrasins, des Hongrois, etc. L'Europe se couvrit ainsi de forteresses, derrière lesquelles nobles et vilains trouvaient un refuge contre les nouveaux barbares. Il n'y eut bientôt plus un fleuve, un défilé de montagne, une route importante, qui ne fussent défendus par des postes militaires et par de bonnes murailles. On finit par compter dans l'ancienne France plus de 5o,ooo châteaux fortifiés ; à l'origine, ils étaient construits en bois, avec plusieurs enceintes de palissades et un donjon ; au douzième siècle, la plupart furent rebâtis en pierre, et garnis de murailles de plusieurs mètres d'épaisseur, de tours, de créneaux et de fossés.

Les envahisseurs, que l'effroi qu'ils inspiraient avait rendus si audacieux et si redoutables, suspendirent leurs incursions ou ne s'éloignèrent pas du littoral où ils avaient débarqué. Rollon et ses Normands s'établirent à demeure dans la Normandie (911), qui fut reconnue terre ducale et vassale de la couronne ; les Hongrois, après avoir commis dans onze invasions successives les plus affreux ravages, furent exterminés en 955 par Othon le Grand ; et les

Sarrasins, cantonnés en dernier lieu dans la Provence, éprouvèrent en 975 le même sort. Le salut des peuples civilisés fut dès
lors assuré.

Fig. 11. — La bataille de Roncevaux et la mort de Roland. Fragment d'un vitrail
de la cathédrale de Chartres. xiiie siècle.

Trente-trois ans après la mort de Charlemagne, le traité de
Mersen (847) dégagea les grands vassaux de l'obligation d'obéir
aux sommations du monarque et les dispensa de prendre les
armes à son appel, sinon quand il fallait concourir à la défense de

l'État, en fournissant des contingents armés qui ne devaient le service que pour le temps fixé d'avance. L'inféodation, sorte de contrat politique et pécuniaire en vertu duquel un fief se subdivisait en plusieurs, perpétua le régime féodal, l'homme devenant l'homme d'un homme, sous la clause absolue de servir en guerre, de faire *monstre* et *chevauchée* aux ordres du seigneur immédiat et suivant son bon plaisir.

Pendant le dixième siècle, ce régime ne fit que s'affermir et se développer. L'*hommage,* ou serment d'inféodation (fig. 12), demeura comme un lien sacré entre le seigneur et le vassal; à cet hommage se rattachait en principe l'organisation du ban, de l'arrière-ban, des différentes catégories du service féodal, caractérisées par les noms de *bacheliers,* clients, écuyers fieffés, *bannerets,* gens d'armes, barons, etc., catégories qui dataient déjà de loin, mais dont l'ordre de rang et l'ordre de bataille ne furent déterminés que du jour où l'on eut groupé ces divers serviteurs sous des bannières ou *gonfanons* spéciaux, impliquant un armement distinctif. Les vassaux se trouvaient de la sorte sous la main du seigneur qui, disposant d'eux militairement, jouissait du droit de *reize,* lequel lui donnait la faculté de rassembler autour de lui et de conduire au combat un certain nombre de groupes féodaux. *Arrivez, ou vous brûlerai!* disait le seigneur dans le ban publié par *cri* public; et, à la seconde sommation, retentissait, dans les carrefours, les rues et les campagnes, le son du cor ou *cornage,* appelant les hommes en armes. Manquer à l'appel du ban, c'était commettre la plus odieuse félonie.

Malheureusement l'anarchie n'avait point cessé avec la répression des barbares étrangers. La France restait morcelée en un nombre infini de grands et de petits fiefs, et la suprématie du chef de la société féodale était illusoire; jusqu'à Louis le Gros, les rois

de la troisième race n'exercèrent qu'une vaine suzeraineté. De tous
côtés, les seigneurs étaient en querelle; on se battait sans trêve ni
merci. A peine avait-on le temps de mettre quelques coins de
terre en culture; la famine sévissait presque sans relâche; la peste
enlevait chaque année des milliers de victimes. Cet horrible état
de choses se prolongea quatre siècles durant. On dut au clergé

Fig. 12. — Acte de foi et d'hommage (xııe siècle). Sceau de Conon de Béthune,
conservé aux Archives nationales de France

les premiers efforts faits pour y mettre un terme. « En l'année
1041, » lit-on dans un chroniqueur contemporain, Raoul Glaber,
« il arriva que, d'abord en Aquitaine, puis peu à peu dans toute
la Gaule, on conclut une convention par la crainte de Dieu et par
amour pour lui. Personne, depuis le soir de la quatrième férie
(mercredi) jusqu'à la seconde (lundi), ne devait avoir la témérité de
commettre quelque violence, ni tirer vengeance d'un ennemi, ni
même prendre caution pour un serment. Que si quelqu'un portait

atteinte à ce décret, le coupable serait condamné à payer une composition, ou à être chassé de sa patrie et banni de la société des chrétiens. » Cette convention fut appelée *la trêve de Dieu;* un grand nombre de conciles ou synodes en étendirent les bienfaits à toutes les provinces. Si l'on nè parvint pas tout de suite à abolir les guerres privées, on les limita pour ainsi dire, et l'on en diminua la fureur.

Cette époque de dissensions intestines vit cependant se former de grandes armées, notamment celle qu'en 1066 réunit Guillaume le Bâtard, duc de Normandie, pour envahir l'Angleterre. Outre ses vassaux et sujets qu'il eut pour principaux auxiliaires, il fit appel, moyennant une bonne solde et le partage des pays conquis, à tous les aventuriers de Flandre, du Rhin, de Bourgogne, d'Aquitaine et de Bretagne. Une flotte, composée de 400 navires et de plus de 1,000 bâtiments de transport, les conduisit sur la rive ennemie. Guillaume vainquit le roi Harold à la journée d'Hastings (fig. 13), et l'on n'est pas peu étonné de l'y voir déployer une certaine tactique. Ainsi, il disposa son armée en trois lignes : les archers, employés comme nos tirailleurs; les hommes d'armes à pied chargés d'appuyer l'attaque, et la cavalerie, placée en réserve et divisée en trois corps. On sait que le duc remporta la victoire grâce à une ruse de guerre qui, attirant les Anglo-Saxons hors de leur camp retranché, les fit tomber dans une embuscade.

La conquête de l'Angleterre fut, en quelque sorte, le prélude des croisades, cette invasion d'outre-mer, qui se renouvela par intermittence pendant plus de deux siècles et qui ne ressemblait en rien aux invasions barbares, sarrasines et normandes dont l'histoire avait jusque-là gardé le souvenir.

Si l'on peut ajouter foi au témoignage de quelques miniatures que renferment les manuscrits du temps de Charlemagne, on re-

trouverait dans le costume et l'armement des hommes de guerre
des huitième et neuvième siècles un constant souvenir des usages
romains (fig. 14), « mais avec les modifications qui devaient

Fig. 13. — Eudes, évêque de Bayeux, encourage les soldats de Normandie à la bataille
d'Hastings. Costume militaire du xıᵉ siècle. D'après la *Tapisserie de Bayeux*.

forcément résulter du mauvais goût contemporain, » dit M. de
Saulcy, « car à cette époque les casques, les boucliers, les épées
avaient pris des formes fort éloignées des modèles sur lesquels on
prétendait les façonner : on croirait volontiers que le costume
avait subi le même genre d'altération que le langage, corrompu

qu'était celui-ci par le mélange des mœurs germaines avec les mœurs des anciens sujets romains. » Quant à Charles, son habit militaire était fort simple : il se composait d'une cotte d'armes à plaques de fer, rivées sur un corselet de cuir; d'une jupe de cuir plissée, d'un casque en cuir lamé de fer, et de chausses en cuir. Son épée, dite *Joyeuse,* avait près d'un mètre de long.

Fig. 14. — Soldats gallo-romains. Fac-similé de miniature d'un ms. du ixe siècle.

Au milieu du neuvième siècle débarquent les Normands, qui importent chez la nation française tout un ordre d'armes défensives entièrement nouvelles de formes, sinon de nature. Le document le plus ancien et le plus authentique qui puisse nous donner une idée à la fois juste et à peu près complète des armes en usage vers la fin du onzième siècle est la célèbre tapisserie conservée au musée de Bayeux.

Il suffit d'examiner avec quelque attention ce complexe récit, en images, de la conquête de l'Angleterre, pour savoir quel était l'aspect général de la guerre à cette époque; mais si l'on a quelque peu étudié les historiens anciens et ceux de notre première époque

Fig. 15. — Le roi Guillaume, ainsi représenté sur son sceau, conservé en Angleterre.

Fig. 16. — Lancier normand de l'armée du duc Guillaume.

nationale, on ne tarde pas à reconnaître, comme autant d'éléments fondus dans l'ensemble de tout cet appareil guerrier, la plupart des armes adoptées chez les races diverses dont le choc et le mélange devaient donner naissance aux peuples modernes.

Dans la tapisserie de Bayeux, l'armée de Guillaume, qui livre la bataille (fig. 15), est composée de trois corps différents : les archers, troupe légère de pied, armés de flèches et de dards; les fantassins, ou grosse infanterie, portant des armes plus lourdes, et couverts de mailles de fer; la cavalerie, au sein de laquelle figure le duc en personne.

Le costume présente peu de variété; on n'y remarque que deux sortes d'équipements : l'un, fort simple, porté par des gens qui n'ont pas de casque, est évidemment celui de la milice subalterne; l'autre, couvert d'anneaux de fer non entrelacés, prend depuis les épaules jusqu'aux genoux, et n'appartient qu'à des guerriers qui ont pour coiffure un casque étroit, conique, à pointe plus ou moins aiguë, prolongé par derrière en couvre-nuque, et muni par devant d'un appendice de métal garantissant la figure, qui reçut le nom de *nasal* (fig. 16).

Parmi les cavaliers bardés de fer, il en est qui ont des chaussures et des étriers, d'autres qui en sont dépourvus et qui n'ont pas même d'éperons. Les boucliers des cavaliers sont convexes, fixés au bras par une courroie, en général arrondis par le haut, et terminés en pointe par le bas; quelques-uns cependant sont à pans coupés, convexes, et offrent au centre une pointe assez allongée.

Les armes offensives consistent en épées, haches, lances, javelots et flèches. Les épées sont longues et d'une largeur uniforme presque jusqu'à l'extrémité, qui se termine brusquement en pointe; les poignées en sont épaisses et fortes. Les haches ne présentent aucune particularité remarquable. Les lances sont armées d'un fer aigu, et vraisemblablement tranchant, qui équivaut en longueur au sixième de la hampe. On voit aussi des massues, des bâtons ferrés, enfin des bâtons fourchus, qui furent sans doute la forme primitive de l'arme qu'on appela plus tard *bisaiguë*. Ces dernières armes ne servaient ordinairement qu'aux serfs et aux paysans, l'épée et la lance étant réservées aux hommes libres.

On ne trouve la fronde aux mains d'aucun guerrier, et, circonstance notable, on la voit employée, dans la bordure de la tapisserie, par un paysan qui vise un oiseau, ce qui peut faire croire que la fronde était devenue une simple arme de chasse. Il en avait d'ailleurs été ainsi de l'arc chez les Francs, lequel se

Fig. 17. — Archer normand. xie siècle.

trouva avec d'autant plus de raison remis en honneur après la venue des Normands, que ceux-ci purent lui attribuer le succès de la bataille d'Hastings, où Harold, l'adversaire de Guillaume, fut tué par une flèche (fig. 17). Et pourtant les lois du conquérant, qui excellait à tirer de l'arc, ne rangèrent pas cette arme parmi celles de la noblesse.

# CHAPITRE II.



Les croisades, c'est-à-dire les guerres entreprises par l'Europe chrétienne contre les musulmans en Orient, remplissent une période de deux siècles.

Depuis 1095 jusqu'en 1270, on en compte ordinairement huit. Le premier rôle dans ces expéditions lointaines fut toujours joué par la France, pays d'élan et de sympathie, les autres États de l'Europe, Angleterre, Allemagne, Espagne, Italie, n'y ayant pris qu'une part secondaire. Les croisades sont le plus beau moment du moyen âge; elles en forment l'époque héroïque. A l'exception de la première, dont la noblesse soutint le poids sous les ordres de Godefroi de Bouillon (fig. 18), elles furent toutes conduites par les rois, qui soldèrent les seigneurs avec les dons du clergé, les emprunts forcés sur les juifs et les tailles payées par le peuple. Ces grandes expéditions n'apportèrent aucun changement dans la manière de faire la guerre; elles se composèrent toujours de masses indisciplinées, qu'en bien des cas nul ne savait commander.

A la seconde croisade, l'armée de Louis VII comprenait des chevaliers soldés, des écuyers armés d'arcs et une multitude de gens de pied, ou *piétaille*, la plupart sans armes. La famine et les attaques incessantes des Turcs l'avaient presque détruite. Le roi battit en retraite vers la mer pour aller en Syrie. « Il fut décidé, » dit Odon de Deuil, « que, dans ce péril, tout le monde s'unirait

Fig. 18. — Godefroi de Bouillon, chef de la première croisade; figure symbolique. D'après une gravure sur bois de la fin du xvᵉ siècle. Bibliothèque de Bourgogne, à Bruxelles.

fraternellement avec les Frères du Temple, riches et pauvres jurant de ne point abandonner le camp et d'obéir aux chefs qu'on leur donnerait. On reconnut pour maître un nommé Gilbert, auquel on donna des adjoints, et Gilbert mit sous les ordres de chacun d'eux cinquante chevaliers. Il leur fut enjoint de résister aux attaques des Turcs, qui nous harcelaient sans relâche, et de revenir en arrière quand ils auraient fait une certaine résistance et qu'on les rappellerait. On leur assigna la place qu'ils devaient occuper, afin qu'il n'y eût pas de désordre; ceux que la nature ou la mauvaise fortune avait mis à pied furent renvoyés à l'arrière-garde et armés d'arcs. » Ce Gilbert prit de si bonnes dispositions qu'il fit franchir aux croisés les passages difficiles des montagnes, battit quatre fois l'ennemi et sauva les restes de l'armée. Dans la troisième croisade, conduite par Philippe-Auguste et Richard Cœur de Lion, il y eut de beaux faits d'armes, mais aucun effort de stratégie. Le siège de Saint-Jean d'Acre, qui dura trois ans et donna lieu à neuf grandes batailles et à une centaine de combats, coûta la vie à 120,000 chrétiens et à 180,000 musulmans. En Égypte, l'aveugle bravoure de Robert d'Artois causa la perte des soldats de saint Louis et le força de rebrousser chemin.

Les désastres des croisés en Orient, après deux siècles d'héroïsme inutile et d'efforts prodigieux, étaient dus principalement aux vices de l'administration des guerres, qui n'avait rien prévu ou plutôt qui était incapable d'agir efficacement, eu égard à l'éloignement des contrées peu connues où les foules enthousiastes qui avaient pris la croix allaient porter leurs pas aventureux. La famine, la peste, la lèpre, les fièvres éruptives ruinèrent les armées chrétiennes avant leur arrivée et pendant leur séjour en Palestine, et le mal eût été bien plus grand encore sans la création des ordres militaires (Hospitaliers et Templiers), qui se fondèrent sous la menace pressante de ces calamités presque inévitables, et qui fournissaient également des infirmiers, des aumôniers et des soldats. La continuation des guerres féodales (fig. 19) en Europe acheva de désorganiser les milices du Christ.

Des mesures nouvelles, inspirées et réclamées par la circons-

Fig. 19. — Richard Cœur de Lion, roi d'Angleterre, blessé à mort d'une flèche par Bertrand de Gourdon, au siège du château de Chalus (1199). *Chroniques de Normandie*, manuscrit du XVe siècle. Chalus est situé au centre du plateau du Limousin, bien que le dessinateur ait pris la licence d'y figurer un port de mer.

tance, furent la conséquence de l'ébranlement général de toutes les nations occidentales : institution de la milice communale, solde régulière affectée aux hommes dénués de ressources personnelles (le chevalier touchait d'abord 10 sous par jour, environ 10 francs de notre monnaie; l'écuyer, 5 sous); nolisement des navires destinés au transport des troupes; système d'approvisionnements généraux pour les armées en campagne; fourniture d'équipements militaires et d'armes, etc.

Cette milice communale, née de l'affranchissement des communes, et ces troupes de *soudoyers* ne devaient pas tarder à devenir l'armée permanente que créa Louis le Jeune, vers 1140, et à laquelle Philippe-Auguste ajouta une grande force en y associant la chevalerie d'affiliation. L'autorité royale se fit alors sentir aux possesseurs de fiefs dans presque toute la France; elle commanda, non plus seulement aux ducs et aux comtes, ses vassaux immédiats, mais encore aux seigneurs subordonnés à ceux-ci, c'est-à-dire à ses arrière-vassaux; elle atteignit, par le ban et l'arrière-ban, tous les hommes capables de porter les armes.

D'autre part, les villes, dès la fin du onzième siècle, commencèrent à se soustraire à la juridiction féodale; elles apportèrent à la royauté, qui les avait soutenues dans leur lutte d'affranchissement, ce qui lui manquait pour consolider sa suprématie sur les nobles : des subsides et une milice régulière. Cette nouvelle troupe, espèce de garde nationale, ne comptait que des sergents de pied; organisée surtout pour défendre la commune, elle devait au roi le service militaire, en ce sens qu'elle était obligée de lui fournir, en cas d'appel et pour un temps limité, un certain nombre de combattants fixé d'avance. Dès l'origine, la milice communale fit montre d'une grande bravoure; à Bouvines, elle décida du sort de la journée et sauva Philippe-Auguste. A Crécy, en revanche, elle fut laissée dans l'inaction par la noblesse, qui affectait de la mépriser, et à Poitiers, elle ne fut pas même appelée.

Quand le roi convoquait le ban et l'arrière-ban, il adressait à ses barons une lettre close « pour les requérir, sur la foi et

loyauté qu'ils lui devaient, de se trouver en armes et en chevaux,
le mieux accompagnés de bonnes gens d'armes », au lieu du ras-

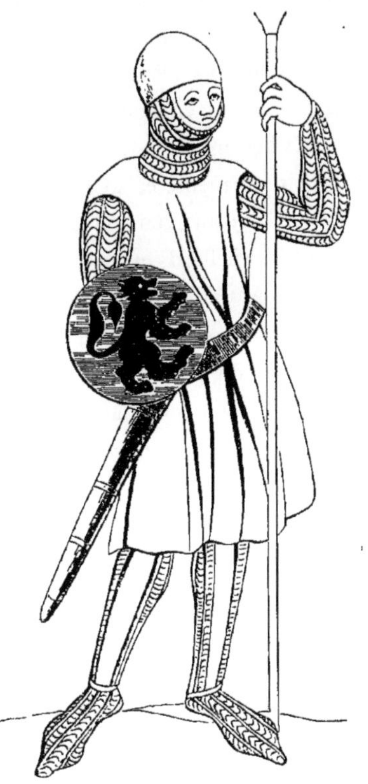

Fig. 20. — Soldat sous Philippe le Bel; miniature d'un manuscrit du temps.

Fig. 21. — Homme d'armes coiffé d'un *pot*
de fer à nasal, couvert d'une cotte de
mailles par-dessus sa casaque de cuir, et
armé de l'épée large et courte. D'après un
manuscrit du XI<sup>e</sup> siècle.

semblement. Plus tard, la convocation eut lieu par l'intermédiaire
des baillis et sénéchaux, qui commandèrent quelquefois les contingents. Mais, les effectifs étant fort peu élevés, il fallut de bonne
heure recourir à la solde pour avoir sur pied une armée respectable.

En même temps que Philippe le Bel anéantissait les chevaliers du Temple, qu'il considérait comme des obstacles à ses desseins politiques, il cherchait tous les moyens de comprimer une noblesse orgueilleuse toujours en armes, dont l'indiscipline systématique était un danger pour le trône et pour le pays. Dès qu'il eut obtenu des représentants de la nation, convoqués en états généraux, le droit de lever des impôts suivant les besoins de la royauté, il commença l'organisation d'une armée permanente et soldée (fig. 20 et 21); il fixa à dix-huit ans l'âge de la réquisition militaire et déclara qu'aucun de ses sujets, hormis les vieillards et les infirmes, ne pourrait s'y soustraire, à moins de verser une certaine somme dans le trésor royal pour prix de l'exonération et de présenter, selon le rang et la valeur de l'exonéré, un ou plusieurs remplaçants (ordonnances des années 1302, 1303, 1306), sous la bannière de l'*ost* du roi (fig. 22). Jusqu'alors le service militaire n'avait été obligatoire que pendant quarante jours consécutifs, trois mois au plus; ce service durait moins encore, d'après les différents degrés de l'inféodation, et s'entourait d'ailleurs de tels privilèges, de telles exemptions, que, si l'armée féodale ne menait pas à bonne fin une campagne très rapide, elle subissait une dissolution fatale. Aussi, quand s'ouvrit la guerre de Flandre, Philippe IV convoqua-t-il, « pour quatre mois, archevêques, évêques, abbés, ducs, comtes, barons, *dames, damoiselles,* et autres nobles tous assujettis au ban », lesquels avaient droit chacun à une solde de *douze deniers* (environ 4 francs) par jour, outre *trente sous* une fois payés (environ 30 francs), pour l'armure. Il fut aussi le premier qui eut de nombreuses compagnies levées à l'étranger.

Philippe le Long (1316) et Philippe de Valois (1328-1350) continuèrent l'œuvre de Philippe le Bel, en l'améliorant. Désormais l'*ost* ou l'armée du roi est constituée d'une façon régulière;

les arbalétriers et les gens d'armes sont les premiers corps qui aient reçu une organisation stable et une solde fixe.

A cette époque, l'infanterie, composée de simples archers plus ou moins mal armés, n'inspirait aucune confiance à ses chefs : sa maladresse et son inconstance compromettaient souvent le sort des batailles, à ce point qu'il fallait, pour soutenir ces combattants, toujours prêts à se débander, employer des mercenaires étrangers,

Fig. 22. — Messager apportant une lettre à l'*ost* du roi, d'après un manuscrit de la Bibliothèque nat. de Paris. xiii<sup>e</sup> siècle.

anglais, italiens ou allemands, qui se battaient bien quand ils étaient bien payés. On les appela, dans l'origine, *routiers, cotereaux, brabançons, ribauds, tard venus*. Ils faisaient la principale force des rois d'Angleterre, lorsqu'ils venaient sur le continent défendre leur fief de Normandie contre leur suzerain français. Quand la guerre était terminée, les aventuriers, qui, pour la plupart, étaient des serfs fugitifs, se trouvant sans asile ni argent, se livraient au pillage et à d'effroyables dévastations. Ce fut surtout au quatorzième siècle qu'ils acquirent une grande célébrité : ils formèrent alors ce qu'on nommait les *grandes compagnies*, et

Bertrand du Guesclin fit ses premières armes dans les rangs de ces infatigables batailleurs (fig. 23).

Les mercenaires, mieux exercés et plus hardis que les soldats du ban, furent chargés aussi de la manœuvre des premiers *canons* ou plutôt des premières machines d'artillerie fulminante, que des *goujats,* laquais et pionniers transportaient à force de bras ou avec des charrois attelés. Mais l'imperfection des engins à poudre, la difficulté de s'en servir et le danger même que pouvaient courir ceux qui s'en servaient, firent préférer longtemps l'ancien système au nouveau, si bien que, même après que l'artillerie à poudre eut réalisé de notables progrès, on ne laissait pas d'y associer encore les armes de trait et les machines de guerre créés par l'ancienne balistique.

Au reste, l'époque où s'opère si lentement cette importante transition dans l'emploi des armes offensives à distance est une des plus tristes de notre histoire. Sous Philippe IV, la France venait de se constituer comme une grande nation, mais les besoins d'une administration nouvelle, les expéditions contre les Flamands, la dissipation des deniers publics avaient épuisé ses ressources. Quand la guerre de Cent ans éclata par l'invasion du roi d'Angleterre Édouard III (1336), elle se présenta au combat avec une armée qu'elle ne pouvait solder pour un long temps, et avec des hommes indisciplinés et sans talent sur le fait des armes. La réaction féodale annula toutes les réformes commencées. Un prince dépourvu de sens politique, Philippe VI, venait d'inaugurer la branche des Valois; dans sa première bataille, perdue à Cassel, il avait eu bien de la peine d'échapper demi-nu des mains de l'ennemi.

Depuis la bataille de l'Écluse (1340), où notre flotte fut anéantie, jusqu'à l'avènement de Charles V, cette guerre ne fut pour la

Fig. 23. — Bataille d'Auray (29 sept. 1364), entre Jean de Monfort et Charles de Blois, dans
laquelle Bertrand du Guesclin fut fait prisonnier par Chandos. Fac-similé d'une gravure
sur bois des *Chroniques de Bretagne*, par Alain Bouchard; Paris, 1514, in-4°.

France qu'une suite de grands désastres. A Crécy (1346), près d'Abbeville, le roi disposait d'une force double de celle d'Édouard; il fit donner les mercenaires génois, dont les arbalètes détrempées par la pluie ne rendirent aucun service. Plus prévoyants, les Anglais avaient abrité les leurs, et accablaient l'assaillant sous une grêle de traits. D'ailleurs, l'historien Villani nous apprend qu'Édouard avait entremêlé à ses archers « des bombardes qui, avec du feu, lançaient de petites balles de fer pour effrayer et détruire les chevaux; et ces bombardes menaient si grand bruit et tremblement qu'il semblait que Dieu tonnât. » Philippe, voyant les Génois céder, s'écria : « Or tôt, tuez toute cette ribaudaille, car ils nous empêchent la voie sans raison. » Et, ajoute Froissart, « là vissiez gendarmes de tous côtés férir et frapper sur eux; et toujours tiraient les Anglais en la plus grande presse, parmi le corps ou parmi les membres, gens et chevaux, qui là chéaient et trébuchaient à grand méchef ». La noblesse française, toujours en désordre, se jeta avec furie sur l'ennemi, perça la première ligne, et ne put faire lâcher pied à la seconde, composée d'infanterie. Les milices communales n'avaient pas été engagées. Les vaincus perdirent en cette journée 11 princes, 80 bannerets, 1,200 chevaliers et 30,000 soldats. Dix ans plus tard, une seconde défaite est due aux mêmes causes (1356) : une armée innombrable de chevaliers fut mise en déroute près de Poitiers par une poignée d'Anglais, commandés par le prince Noir; le roi Jean, quoique abandonné de la plupart de ses nobles qui prirent la fuite, se défendit longtemps avec une vaillance admirable et tomba aux mains du vainqueur.

Le résultat de ces batailles fut immense : deux armées avaient été presque anéanties, les finances étaient épuisées, le pays pillé et ravagé dans tous les sens par l'ennemi, qui finit par en conquérir plus de la moitié. Puis les dissentiments des princes, les soulèvements des villes, la révolte des paysans, les excès des bandes mercenaires vinrent mettre le comble à tant de misères. Heureusement le règne prudent et sage de Charles V les soula-

Fig. 24. — Château de la Panouse (Aveyron), type d'un château féodal en France au quatorzième siècle dont les ruines existent encore. D'après une miniature d'un manuscrit de la Bibliothèque nationale de Paris.

gea peu à peu. Au lieu de livrer de grandes batailles, il soutint une foule de petits combats, et secondé par des hommes de guerre habiles et expérimentés, entre autres Clisson et du Guesclin, il eut presque toujours l'avantage. Il opposa des forteresses aux armées (fig. 24), les garnit de vivres, d'armes, de machines et de canons, et y entretint des troupes régulièrement payées. A l'approche du danger, ordre était donné aux habitants de la campagne de s'y retirer, eux, leurs familles et leurs troupeaux, afin que l'Anglais, trouvant un pays désert, fût obligé d'aller plus loin. La paix faite, il délivra son royaume des aventuriers, qui le couvraient de ruines, et ébaucha même un projet d'armée nationale. C'est à lui qu'on doit la création des compagnies d'ordonnance, composées chacune de cent hommes d'armes sous un capitaine, et de deux fois autant d'archers, tous à cheval.

Pendant le long règne de Charles VI, les malheurs de la France dépassèrent toute mesure; elle retomba dans une affreuse anarchie, et toute l'organisation militaire du règne précédent disparut, pour laisser la place à la routine féodale. L'infanterie, qui avait décidé de la victoire à Rosebecque, fut négligée comme inutile.

Malgré les rudes leçons de Crécy et de Poitiers, la noblesse n'avait rien perdu de sa présomption, et à Azincourt (1415) elle ne voulut se servir ni de sa nombreuse artillerie ni de ses gens de pied. Formée en trois corps ou *batailles,* placés l'un derrière l'autre, elle s'entassa, au nombre de 15,000 cavaliers, dans une étroite plaine labourée, dont des torrents de pluie avaient détrempé le sol. Empruntons à l'excellent ouvrage de M. Dussieux le récit de cette journée. Les archers anglais commencèrent l'attaque. Douze cents chevaliers les chargèrent; mais, attaqués de flanc et criblés de flèches, les plus braves arrivèrent seuls sur la palissade de pieux qui formait un retranchement, et ne purent la franchir; les autres, tournant bride, s'étaient rejetés sur le corps d'armée. Il en résulta une confusion que l'ennemi s'empressa de mettre à profit. A coups de hache, d'épée et de maillets de plomb (arme nouvelle), les archers vinrent à bout de la première bataille, composée de tous les princes, ducs et comtes, et de la plus haute noblesse,

Fig. 25. — Jeanne d'Arc. Statue de Gois fils. (1803).

et qui lutta avec acharnement; mais ils étaient si serrés que les deux premiers rangs seuls pouvaient combattre. Ceux-là vaincus, Henri V, à la tête de ses archers, assaillit la seconde bataille : elle fut aisément dispersée, et la troisième s'enfuit ignominieusement, écrasant fantassins et valets. Les prisonniers étaient en grand nombre; tombés de cheval, on les ramassait dans la boue. Henri les fit massacrer tous, à l'exception de 1,500 destinés à

Fig. 26. — Entrée des Français dans Orléans et défaite des Anglais.
Miniature d'un ms. daté de 1484.

payer de grosses rançons. La chevalerie française s'ensevelit, pour ainsi dire, tout entière dans ce sanglant désastre.

Il n'y avait plus d'armée, et la France, aux trois quarts occupée par l'étranger, semblait s'abandonner elle-même, à l'exemple de Charles VII, qui se contentait de son « royaume de Bourges », lorsque Jeanne d'Arc (fig. 25) vint réveiller le sentiment patriotique. C'était, suivant une expression célèbre, le cœur le plus français qui battit jamais. Elle créa une armée nouvelle en transformant des soudards sans foi ni loi en soldats obéissants et dévoués; elle interdit la débauche et le pillage, elle maintint autour d'elle une discipline sévère. Suivie de son étendard, couverte d'une armure complète, la tête exceptée, et montée sur un grand coursier noir, elle s'écriait : « Entrez hardiment parmi les Anglais! » et elle y entrait la première. Mais elle ne chargeait ainsi l'ennemi qu'au moment décisif, après avoir disposé ses forces, mûri ses opérations, ordonné les mouvements, et plus d'une fois malgré l'avis des capitaines. Depuis Orléans (fig. 26) jusqu'à Reims, en deux campagnes qui durèrent la première onze jours, la seconde six semaines, Jeanne livra une trentaine de combats et gagna deux batailles. Elle fit preuve d'une rare intelligence des choses de la guerre. Après le sacre du roi, elle poursuivit la campagne avec non moins de vigueur; car sa mission, d'après ses propres paroles, comprenait la délivrance de Paris et de toute la France. Trahie par des intrigues de cour, elle succomba, faute d'appui.

Un des meilleurs écrivains du temps, Alain Chartier, parlait de l'héroïne, en 1429, dans ces termes enthousiastes : « Quelles qualités demande-t-on à un capitaine que n'ait pas Jeanne? La prudence militaire? elle la possède à un degré admirable. La force d'âme? elle a le cœur plus élevé que personne. La rapidité? elle l'emporte sur les anges mêmes. La justice, le courage? nul n'en est doué comme elle. S'il faut venir aux prises avec l'ennemi, elle se place au premier rang; elle-même asseoit les camps, organise la bataille, dispose l'attaque, et, faisant avec une éclatante bravoure la besogne d'un soldat, elle fait l'instant d'après celle du capitaine. »

# CHAPITRE III.



Après Jeanne d'Arc, le désordre recommença. La tactique habile dont elle avait puisé l'intelligence dans le génie même du caractère français, rapide de mouvements, énergique d'action, fut rejetée dans l'oubli.

Tous s'émerveillaient, dit le duc d'Alençon, que si hautement et si sagement elle se comportât en fait de guerre comme si c'eut été un capitaine qui eût guerroyé l'espace de vingt ou trente ans, et surtout en l'ordonnance de l'artillerie.

Grâce au nouveau gouvernement composé par le connétable de Richemont, plus encore qu'à l'initiative personnelle de Charles VII, prince indolent et livré aux influences d'un détestable entourage, le système militaire changea complètement. Deux ordonnances, rendues le 2 novembre 1439 et le 28 avril 1448, opérèrent une véritable révolution. Il n'y eut plus alors de chevalerie ni de corps privilégié ; le service devint presque obligatoire pour tous ; les prétentions féodales disparurent devant la volonté royale et le sol de la France fut délivré, après quelques années d'efforts, des bandes de pillards et d'aventuriers. On revenait aux sages institutions de Charles V. L'organisation, préparée par le conseil du roi, fut surtout l'œuvre, il n'est que juste de le

rappeler, de patriotes et d'hommes de guerre, tels que Richemont,
le sénéchal Pierre de Brezé, le maréchal de La Fayette, et les
frères Jean et Gaspard Bureau.

Fig. 27. — Capitaine avec ses archers. D'après un ms. du xvᵉ siècle.

La réforme porta en premier lieu sur la *gendarmerie*, c'est-
à-dire sur la cavalerie armée de toutes pièces, qui formait la principale force des armées. Elle fut réduite à 15 compagnies, qui
devaient être entretenues par une solde mensuelle en temps de
paix comme en temps de guerre. On en rassembla tous les déta-

chements épars dans les différentes provinces, et l'on y choisit ce qu'il y avait de meilleur; le reste fut licencié par petites bandes, et les mesures furent si bien prises que, quinze jours plus tard, on ne rencontrait plus un seul soldat sur les routes.

Chacune des compagnies se composa de 100 *lances* ou hommes d'armes, et chaque homme fut suivi de 5 autres soldats d'un rang inférieur, savoir un *coustillier* ou écuyer, un page, deux archers montés et un valet. C'était la réunion de ces hommes qu'on appelait une *lance garnie* ou *fournie*. Elle eut, pour la commander, un capitaine, un lieutenant, un guidon, un enseigne et un maréchal des logis. Le total de l'effectif fut donc de 9,000 hommes. En même temps, on créa des inspecteurs, chargés de se transporter fréquemment dans les villes où les compagnies furent envoyées en garnison et logées à leurs frais chez l'habitant, afin d'y maintenir une exacte discipline et de les passer en revue. Tous les hommes d'une même compagnie furent astreints à porter un *hoqueton* de la livrée de leur capitaine, qui fut nommé par le roi et choisi parmi les grands seigneurs, et ce fut l'origine de l'uniforme (fig. 27).

Les contingents féodaux ayant disparu, toute la noblesse voulut servir dans les compagnies d'ordonnance. En 1455, il fut permis aux jeunes gentilshommes de s'y engager, à la condition de s'habiller et de s'équiper à leurs frais; on leur fournit seulement les chevaux, et ils reçurent les mêmes gages. Par suite de cette mesure, on pouvait au besoin doubler et tripler la force de ce corps d'élite, qui passa bientôt avec raison pour la première milice de l'Europe.

Voici ce qu'on fit pour avoir pareillement une milice d'infanterie aussi aisée à rassembler. Après avoir pris pour base les confréries de l'arc et de l'arbalète organisées par Charles V, on ordonna que dans chaque paroisse, ou par réunion de cinquante

Fig. 28. — Mort de Charles le Téméraire à la bataille de Nancy. D'après la *Chronique de Strasbourg*. XVᵉ siècle.

feux, il y aurait un archer équipé et armé. « Le privilège accordé
à ceux qui seraient choisis, » dit le P. Daniel, « fit qu'il y eut

de l'empressement pour l'être, car on les affranchit presque de tous subsides, et c'est de cet affranchissement qu'on les appela *francs archers*. » Ils étaient, sous Louis XI, au nombre de 16,000, répartis en 32 compagnies dans les provinces du domaine royal.

Avec l'armée ainsi reconstituée, la France prit sa revanche des défaites passées, et fit un grand pas vers l'unité nationale.

Louis XI ne fit aucun changement aux compagnies d'ordonnance; il convoqua plusieurs fois l'arrière-ban, mais il abolit la milice des francs archers, qui était tombée dans le discrédit public. Il la remplaça par 6,000 Suisses et par un corps de 10,000 gens de pied français, armés de piques. Ce fut la première troupe d'infanterie permanente et soldée, et qui contribua plus tard à former le plus ancien de nos régiments, celui de Picardie. Sur les champs de bataille, les *piquiers* marchaient toujours en avant; derrière eux figuraient par groupes, soit dans les rangs, soit dans les carrés, les archers à pied, coiffés de *salades*, ou casques sans visière, vêtus de la *brigandine*, ou petite cotte de mailles, et munis d'arbalètes.

La mort de Charles le Téméraire, duc de Bourgogne, tué à la bataille de Nancy (1477), acheva la ruine de la féodalité chevaleresque, dont il fut le dernier et le plus martial représentant (fig. 28). Louis XI, qui s'était fait une armée dévouée avec des soudoyers de tous les pays, et qui pouvait compter sur la fidélité de sa garde écossaise, s'attaqua aux grands fiefs, rivaux de la couronne, et les annihila en cessant d'avoir besoin d'eux et de leur arrogante vassalité.

Insensiblement les bannières seigneuriales disparurent, les cris d'armes cessèrent de retentir; un *fief tenu à pleines armes, un plein fief de haubert*, n'imposa plus au feudataire, sous peine de félonie et de *confiscation* de corps, l'obligation de s'équiper, de s'armer au premier appel du suzerain, et de suivre l'*ost* royal avec un nombre déterminé de combattants. Le rachat du service militaire à prix d'argent étant dès lors admis en principe, chacun, noble ou vilain, restait libre de servir ou de racheter le service. Il y avait encore des *gendarmes fieffés,* mais surtout des gendarmes volontaires et des *écuyers d'armes,* les uns fieffés, les autres non fieffés, ou même simples varlets.

Fig. 29. — Sceau de Jean, évêque du Puy et comte de Velay (1305),
tenant à la main une épée nue

Les chanoines, abbés, prélats, que la loi féodale obligeait au service militaire personnel, s'en étaient déchargés depuis longtemps sur des avoués ou des baillis, qui conduisaient le ban et l'arrière-ban des seigneurs terriers. Quelques gens d'église, cependant, préférèrent au privilège d'exemption la présence individuelle dans les armées du roi ; maint prélat ou abbé se montrait fier de placer dans son écusson une cuirasse, une épée (fig. 29), un casque ou tout autre emblème guerrier. En 1356, l'archevêque de Sens, les évêques de Châlons et de Melun s'étaient signalés par de grands faits d'armes à Poitiers ; en 1360, l'archevêque de Reims, Jean de Craon, avait sauvé, au moyen de quelques vigoureuses sorties, sa métropole, assiégée par les Anglais; l'archevêque de Sens, Jean de Montaigu, avait succombé les armes à la main dans les champs d'Azincourt; en 1456, un franciscain, Jean de Capistran, contribuait vaillamment à la défense de Belgrade; au siège de Plaisance, Philippe de Savoie, évêque de Genève, était promu chevalier sur la brèche. Il est vrai que beaucoup de dignitaires ecclésiastiques n'avaient pas même reçu les ordres sacrés; mais l'exemple venait de haut, car plusieurs papes, Jean X, Léon IX, Urbain II, Innocent II, Jules II, qui s'était signalé d'abord comme vaillant capitaine sous le nom de Julien de la Rovère, avaient commandé en personne les troupes du saint-siège.

Le *bâton à feu,* c'est-à-dire l'arquebuse, qu'on appelait *haquebutte,* succéda difficilement à l'arc, et plus difficilement encore à l'arbalète. En 1481, Louis XI retira ces deux engins aux sergents d'armes, non pour les armer de bâtons à feu, mais pour leur donner la pique, la hallebarde et le sabre, dont on avait vu les Suisses faire un si remarquable usage dans les guerres récentes. Louis XI augmenta cependant le nombre des archers à cheval, qui, subordonnés plus tard au colonel d'une troupe d'aventuriers, désignés sous le nom d'*Albanais* ou d'*estradiots,* constituèrent notre cavalerie légère nationale, jusqu'à ce que François I<sup>er</sup> les eût remplacés par les chevau-légers, chez lesquels domina toujours l'élément cosmopolite. En Angleterre, depuis le treizième siècle, les archers à cheval formaient une partie considérable des armées; un effectif de 1,500 *lances garnies,* qui représentaient 6 à 7,000 cavaliers, exigeait alors 5,000 archers à cheval, tous habiles tireurs; car, du temps d'Henri VIII, un archer anglais pouvait décocher jusqu'à douze flèches par minute, et c'eût été une honte pour lui de lancer un trait, dans une bataille, sans tuer, blesser, ou du moins toucher un ennemi.

Le choc désespéré de Fornoue (6 juillet 1495), qui ouvrit à l'armée de Charles VIII le chemin de la retraite après la victorieuse expédition d'Italie, termina en quelque sorte les mêlées confuses et sanglantes du moyen âge; l'arme blanche et les armes de trait eurent encore plus de part que le canon et les *bâtons à feu* aux

Fig. 3o. — Combat de lansquenets. Fac-similé d'un dessin de Holbein, conservé au Musée de Bâle. xvɪᵉ siècle.

terribles résultats de la journée. Depuis lors, l'infanterie reprit son ancienne prééminence sur la cavalerie, et presque aussitôt l'artillerie à poudre fut employée préférablement à toutes les autres armes. Une révolution complète devait s'opérer par la force des choses, aussi bien dans l'ordre ordinaire des batailles que dans l'attaque et la défense des places.

Dans leurs guerres d'Italie, où allaient s'engloutir sans cesse les forces et les ressources de la France, Louis XII et François Iᵉʳ eurent à lutter contre les bandes allemandes et les bandes espagnoles, composées d'excellents soldats; ils leur opposèrent donc des corps d'infanterie étrangère : ici des lansquenets (fig. 3o), là des Suisses qui avaient fait de la guerre un métier et qui, pour gagner leur solde, n'hésitaient pas à se mesurer contre leurs compatriotes; mais souvent aussi ces mercenaires changeaient de camp au moment de la bataille ou refusaient leur service sous les plus légers prétextes. Plus d'une fois, la chevalerie française se vit abandonnée tout à coup par les fantassins, qui avaient mission de la soutenir et qui la laissaient écraser sous leurs yeux sans lui porter secours. C'est ce qui arriva dans la fatale bataille de Pavie (24 février 1525), où le roi et sa noblesse durent combattre à pied et *à la foule,* c'est-à-dire dans la mêlée, avant de tomber morts ou de se rendre prisonniers.

Dans la disposition normale des armées livrant combat en pleine campagne, nous voyons à cette époque les francs archers, les gens d'armes et les chevaliers isolés occuper indifféremment le centre ou les ailes du corps de bataille, tandis que les fantassins proprement dits, divisés en petits groupes de cinq hommes qu'on appelait *cinquains,* étaient jetés en avant comme enfants perdus, ou renvoyés à l'arrière-garde, qu'ils devaient couvrir, ou détachés çà et là sur les flancs pour éclairer la route, inquiéter l'ennemi et protéger les bagages. Pendant l'action, tous les cavaliers, armés de pied en cap, quittaient leur monture pour combattre et remettaient alors aux fantassins la garde de leurs chevaux, qui ne servaient qu'à les transporter d'une étape à l'autre, dans les marches, que le poids de leur armure ne leur eût pas permis de faire à pied.

Tout cavalier fatigué par le service ou par l'âge cessait d'être employé à cheval et prenait sa retraite en servant encore dans l'infanterie, où il jouissait, sous le titre *d'anspessade* (de l'italien *spe₂-₂ata,* lance brisée), des avantages qu'on accorda plus tard aux vétérans.

Jusqu'à l'époque des croisades, chez toutes les nations, les corps de troupes n'étaient distingués entre eux que par la différence des armes offensives et défensives; on n'avait encore aucune idée d'un *uniforme* militaire. Cependant, avec les armoiries, les étendards et

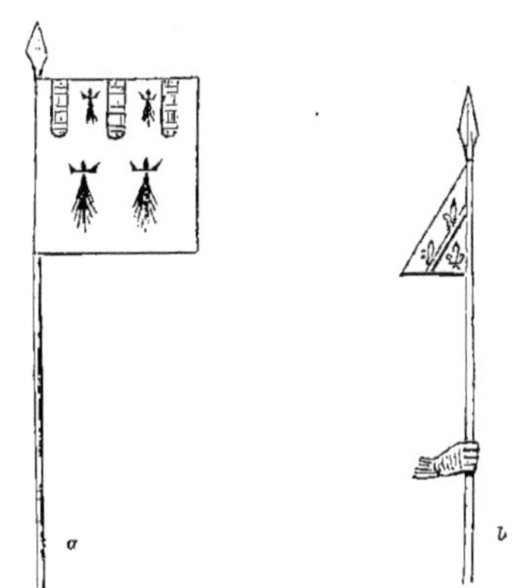

Fig. 31 et 32. — Bannière et pennon. D'après un sceau de 1435.

les pennons (fig. 31 et 32), s'introduisirent les écharpes d'étoffe, portées en forme de baudrier ou de ceinture par-dessus la cuirasse, et dont les couleurs, empruntées d'ordinaire à celles du blason ou de la bannière du seigneur féodal, devenaient un signe de ralliement, comme les drapeaux eux-mêmes. La nécessité de se reconnaître à distance dans les rencontres des gens de guerre amena naturellement certaines distinctions de costume plus ou moins caractérisées (le *hoqueton,* par exemple, comme nous l'avons vu plus haut), pour éviter des erreurs qui pouvaient être funestes aux uns et aux autres.

L'administration et la police des armées, dont les rois goths et les rois francs de la première race avaient fait une de leurs principales préoccupations, furent entièrement abandonnées et négligées pendant des siècles ainsi que tout ce qui composait l'art de la guerre. Au commencement du quatorzième siècle, les capitaines des compagnies, libres de répartir à leur gré la solde entre leurs hommes, après chaque *monstre* ou revue, étaient les seuls administrateurs de ces compagnies; ils agissaient donc sans contrôle, et n'avaient à aucun titre la charge de surveiller l'exécution des règlements prescrits par l'autorité souveraine au point de vue de l'administration générale de l'armée.

En 1358, pendant la captivité du roi Jean en Angleterre, on créa, sous le nom de *conducteurs des gens de guerre chargés des revues, police, discipline et approvisionnements*, quelques commissaires spéciaux, à l'effet de parer aux innombrables abus qui existaient; mais l'époque agitée, malheureuse, où cet essai fut tenté devait le rendre presque infructueux. Le dauphin, en devenant roi sous le nom de Charles V, reprit cette idée, qui lui appartenait en propre; mais, après lui, tout retomba dans le désordre pendant plus d'un siècle; la guerre civile et étrangère désola, épuisa la France, sans avoir fait surgir un seul génie organisateur, à l'exception peut-être de Jean Bureau, grand maître de l'artillerie sous Charles VII.

Il est permis d'affirmer que les désastres survenus en Italie, sous Charles VIII et Louis XII, sont dus moins à l'étourderie chevaleresque de la noblesse et à l'ignorance des principes de la guerre, qu'aux vices de l'administration militaire. Sous François I<sup>er</sup> même, l'organisation des services publics était encore dans un état si déplorable, que le monarque ne fut jamais bien renseigné sur les forces réelles de l'armée active, car les capitaines, intéressés à grossir le chiffre des hommes présents sous leur bannière (fig. 33), trompaient les commissaires et les généraux; à ce point que, lors de la ba-

Fig. 33. — Cavalier armé de pied en cap. D'après Cesare Vecellio.
*Degli Habiti antichi et moderni*, 1590, in-8°.

taille de Pavie, François Ier croyait son armée plus forte d'un tiers qu'elle ne l'était véritablement. Enfin, de ce chaos sortirent, en

1517, les premiers éléments de la comptabilité et du contrôle « pour le fait des guerres ».

Si les tacticiens d'Italie approfondissaient théoriquement la science de la guerre, les Suisses d'abord, avec le maréchal de Trivulce, les Espagnols ensuite, avec Gonzalve de Cordoue, puis les Flamands, avec le duc d'Albe, renouvelaient avec succès les antiques usages de la Grèce quant à la combinaison et à l'ordre des files. Ils manœuvraient en phalanges, en bataillons ; ils savaient tirer parti de ce qu'on appelle l'*ordre profond* dans l'arrangement des troupes. Les piquiers de France faisaient de même, tandis que les soldats munis d'armes de jet (fig. 34) combattaient en tirailleurs à l'avant-garde, ou groupés sur deux ou trois rangs de profondeur. Au demeurant, la tactique était à peu près nulle. Sous Henri II, et grâce à quelques bons capitaines, Tavannes, Coligny, Montluc, François de Guise, elle se recommanda par la sagesse des combinaisons et la rapidité des mouvements. Quoi qu'il en soit, ce fut seulement sous Henri IV qu'on vit un grand corps de troupes marcher en avant, sans rompre l'ordre de bataille, et c'est au règne de Louis XIII qu'il faut reporter la permanence du régiment, qui avait été créé sous le règne précédent.

Vers la fin du quinzième siècle, la cavalerie française indigène était encore de la grosse cavalerie. Les Albanais, troupes mercenaires qui formaient notre cavalerie légère, se vendaient *homme et cheval,* comme les Suisses *homme et hallebarde.* Charles VIII avait enrôlé 8,000 Albanais pour son expédition d'Italie ; mais, cinquante années plus tard, ces étrangers avaient disparu de notre armée, la France ayant dès lors constitué sa cavalerie légère concurremment avec sa grosse cavalerie.

Jusqu'au règne d'Henri IV, qui s'affranchit définitivement de leur concours dangereux et immoral, les aventuriers restèrent

employés même par des souverains, qui, après avoir fulminé
contre eux des ordonnances très sévères, avaient été forcés, faute

Fig. 34. — Fantassin du xvıe siècle portant l'arquebuse.
Même source que la figure précédente.

de soldats réguliers, d'accepter leur service onéreux. Brantôme
nous les dépeint « vestus à la pendarde, un haut-de-chausses bouf-

fant ; monstrant la jambe nue, une ou deux, portant leurs bas déchaussés pendant à la ceinture ; chantant en cheminant pour soulager le travail de leur chemin ». On n'accordait à ces coureurs, qui servaient à pied, que l'*étape*, c'est-à-dire une distribution jour-

Fig. 35. — Les Faucheurs de la mort, allégorie de la guerre. D'après une gravure de Hans-Sebald Behaim. xvie siècle.

nalière de vivres et de fourrages ; mais, pendant la guerre, ils avaient pleine immunité pour le pillage, qui était concédé comme un droit dans la prise des villes et forteresses (fig. 35).

« Quant à l'étape, le système créé en France dans le quatorzième siècle en avait été maintes fois négligé, et repris sans ordre et sans méthode jusqu'au règne d'Henri II, où un cahier d'étapes fut

dressé en même temps qu'un cahier des fournitures, vivres, charrois, literie, etc., dus aux soldats du roi, lors de leur passage ou
de leur séjour, par les églises, les monastères, les communes, les
nobles et les bourgeois.

Dans le cours du moyen âge et de la Renaissance, le recrutement
des troupes a beaucoup varié, sous le rapport de l'âge légal, du
mode et de la durée du service. Au temps d'Henri II, le soudoyer
s'engageait encore pour trois mois; Henri IV prolongea la durée
de l'engagement volontaire, mais non sans rencontrer de sérieuses
difficultés, car, ainsi que le dit Sully : « On n'enrolloit les soldats
que par la force, en les faisant marcher avec le baston et ayant
sans cesse le gibet sous les yeux. »

Nous devons ajouter ce fait significatif, que l'instruction militaire, résultant des *exercices,* resta toujours fort insuffisante, et
qu'il n'était pas rare de voir des soldats, qui d'ailleurs ne devaient
faire que passer, en quelque sorte, sous les drapeaux, ignorer tout
à fait le maniement des armes qui leur étaient confiées. Les milices
urbaines l'emportaient de beaucoup sur les recrues, car il était
d'usage d'exercer tous les dimanches, depuis le règne de Charles V,
ces citoyens, armés de piques, d'arcs et d'arbalètes, surtout dans
les villes frontières. Il faut arriver jusqu'à Coligny, en plein seizième siècle, pour trouver des règlements imposant aux chefs de
corps la condition expresse d'instruire et faire manœuvrer leurs
soldats.

# CHAPITRE IV.



Depuis la conquête des Normands jusqu'aux croisades, nous ne trouvons guère à signaler que l'adoption d'une arme très meurtrière, dite *fléau* ou *fouet d'armes,* et qui se rapprochait beaucoup de la masse d'armes; il se composait d'un manche court et solide, auquel était suspendue une chaînette ou courroie, munie à l'extrémité de boules de fer, et la plupart du temps même, pour rendre cette arme plus terrible, ces boules étaient hérissées de pointes.

Mais nous arrivons à une époque où les événements qui s'effectuèrent en Asie eurent une influence considérable sur les armes et le costume militaire de l'Europe. La première et la plus notable des importations dues à ces lointaines expéditions fut celle de la *cotte de mailles,* qui était généralement en usage chez les Arabes, et que depuis on a retrouvée sur les sculptures des Sassanides, race royale qui régna sur la Perse du troisième au septième siècle de notre ère.

Ce n'est pas dire qu'avant la première croisade on n'eût dans nos pays aucune connaissance du tissu de fer dont les Orientaux se faisaient des casaques défensives; seulement on ne savait les imiter que d'une façon lourde et grossière. Ces armures, d'un poids écrasant, et qui d'ailleurs ne rendaient rien moins qu'invulnérables ceux qui s'en chargeaient, n'avaient donc pu détrôner les *haubergeons, jacques de fer, brigandines, armures à macles* (tels étaient les noms donnés aux cuirasses de cuir et de toile couvertes de plaques de métal); mais quand on eut vu de près ces armes défensives, avec toutes leurs bonnes conditions originelles, quand on eut appris à les fabriquer selon les procédés orientaux, on ne

Fig. 36. — Jean sans Terre, ainsi représenté sur son sceau.
XIIIᵉ siècle.

tarda pas d'adopter ce long *tricot* de fer, à la fois souple, léger et en quelque sorte impénétrable. Toutefois, comme la fabrication des anciennes armures était plus simple et par conséquent moins coûteuse, elles ne furent pas tout à fait délaissées. Ce n'est même que sous Philippe-Auguste et saint Louis que devint général l'usage de la *chemise de mailles,* à laquelle certains chevaliers joignaient des *chausses de mailles,* pour se garantir les cuisses, les jambes et les pieds (fig. 36).

On trouve sous Louis le Gros (douzième siècle) le premier essai d'une visière mobile, adaptée au casque conique des Normands, et vers le même temps il faut placer l'invention de l'arbalète (*arcus balistarius*); pour mieux dire, on ajouta à l'arc un fût, ou *arbrier,* long de 65 à 95 centimètres, et qui donnait plus de facilité pour tendre la corde et qui aidait à mieux diriger le trait. Cette arme nouvelle, après avoir été exclusivement employée pour la chasse, parut dans les armées; mais en 1139, le pape Innocent II, confirmant les décisions du concile de Latran qui l'avait condamnée comme trop meurtrière, en défendit l'usage. Elle ne rentra dans l'armement militaire qu'au temps de la troisième croisade, sous Richard Cœur de Lion, qui, l'ayant de nouveau donnée à ses troupes, passa depuis pour l'avoir inventée.

Lors de la première croisade, les barons et les chevaliers portaient un *haubert* d'anneaux de fer ou d'acier. Chaque guerrier avait un casque, argenté pour les princes, d'acier pour les gentilshommes, et de fer pour les soldats. Les croisés se servaient de la lance, de l'épée, de la massue et de la hache d'armes, de la fronde et de l'arc; ils portaient aussi au côté une dague appelée *poignard de miséricorde,* parce qu'on s'en servait pour égorger le chevalier renversé, s'il ne criait miséricorde.

Sur les vitraux que Suger, ministre de Louis VII, avait fait peindre pour l'église de l'abbaye de Saint-Denis, et qui représentaient les principaux faits de la deuxième croisade, on voit les chefs des croisés revêtus encore de hauberts à anneaux ou à *macles* (lames de fer); le casque est conique et sans nasal, et le bouclier, en forme d'écu, couvre la poitrine, généralement suspendu au cou par une lanière de cuir. On nommait *targe* le bouclier carré, et *rondache* celui qui était rond (fig. 37).

Vers le milieu du douzième siècle, a-t-on dit, parut le *plastron* de fer, qui se plaçait sur la poitrine, pour soulever le haubert, dont la pression directe avait été reconnue nuisible à la santé. Cependant on n'en trouve pas la description dans les romans de chevalerie, qui sont le meilleur document à consulter sur les armures de ce temps.

Fig. 37. — Chevalier revêtu du haubert. D'après Meyrick.

Sous Philippe-Auguste, un des chefs de la troisième croisade, le casque conique devint cylindrique; on y ajouta parfois une visière, appelée *ventail*, et qui eut pour but de défendre le visage. Richard Cœur de Lion, roi d'Angleterre, est représenté sur son

sceau avec ce casque à ventail; au niveau des yeux et à la hauteur de la bouche, on remarque deux fentes horizontales qui permettent de voir et de respirer. Cependant, l'usage du casque conique sans visière ni nasal se conserva jusque dans le treizième
siècle en Espagne, ainsi qu'on peut s'en assurer par celui que
portait Jayme I<sup>er</sup>, roi d'Aragon (fig. 38), et qui est conservé dans
l'*Armeria real,* de Madrid : il est en fer poli, surmonté d'une
tête de dragon et richement doré par places.

C'est aussi pendant la troisième croisade que se généralisa l'usage
de la *cotte d'armes,* espèce de *surtout,* si nous pouvons ainsi parler, qui était de drap ou d'étoffe de soie, et qui n'eut d'abord pour
objet que de diminuer l'effet insupportable des rayons du soleil
d'Orient sur les armures métalliques. Bientôt ce nouveau vêtement servit en outre, au moyen de diverses couleurs, à distinguer les différentes nations qui marchaient sous l'étendard de la
croix. La cotte devint un véritable vêtement de luxe guerrier :
on y employait les plus riches étoffes, et on les brodait en or et
en argent avec une recherche excessive.

Les frondeurs, qui d'ailleurs n'avaient jamais été recrutés que
dans les classes inférieures, disparaissent des armées françaises
après le règne de saint Louis. Quant aux archers, ceux d'Angleterre portaient à cette époque, sur leur haubert, une veste de cuir,
que les archers français adoptèrent plus tard, et qui fut appelée
*jacque d'Anglois.* Un vieil auteur en fait ainsi mention :

> C'étoit un pourpoint de chamois,
> Farci de bourre sus et sous;
> Un grand vilain jacque d'Anglois,
> Qui lui pendoit jusqu'aux genoux.

Le jacque, étant devenu de mode en France, se trouva bientôt dans toute espèce d'étoffes plus ou moins précieuses, et resta en usage, puisqu'en 1392, Charles VI, dans un voyage qu'il fit en Bretagne, portait un jacque en velours noir. C'est de cette espèce de casaque que sont venus les jaquettes et les justaucorps.

Le casque, ou *heaume*, enfermant dès lors la tête en entier, prit, sous saint Louis, la figure de deux cônes tronqués réunis par leurs grandes bases. Outre le heaume, on portait aussi, à cette

Fig. 38. — Casque de don Jayme el Conquistador. XIII° siècle. *Armeria real* de Madrid.

époque, le *chapel de fer*, qui n'avait d'abord été qu'une simple calotte placée sous le capuchon du haubert; mais on ajouta, en retranchant ce capuchon, un rebord à la calotte, qui devint ainsi un chapeau ayant à peu près la forme des feutres qui sont d'usage aujourd'hui. Pour protéger le cou, on attachait aussi, au bord du chapeau, un tissu de mailles de fer, retombant sur les épaules, et qu'on appelait *camail*. La calotte de fer prenait alors le nom de *coiffe* ou de *cervilière;* elle devint plus tard une sorte de *pot* renversé, qui cachait toute la tête et se maintenait en place par son seul poids (fig. 39 et 40).

D'ailleurs, la tendance était depuis quelque temps manifeste, qui devait graduellement faire que les chevaliers fussent entièrement *bardés* ou entourés de fer. Un roi d'Écosse, contemporain de Philippe-Auguste, est représenté, sur un sceau, avec une *coudière*, pièce d'armure destinée à garantir le coude. Les *genouillères*, dont le nom dit assez la fonction, vinrent ensuite. Sous Philippe le Hardi, successeur de saint Louis, furent adoptées les

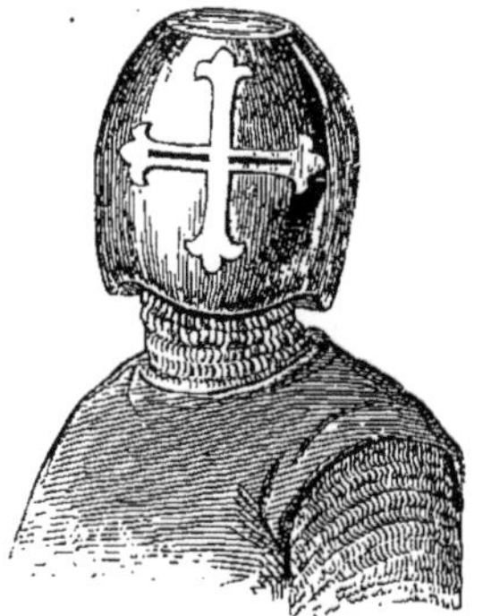

Fig. 39. — Casque de Hugues, vidame de Châlons. Fin du XIII<sup>e</sup> siècle.

Fig. 40. — Casque de tournoi, vissé sur plastron. Fin du XV<sup>e</sup> siècle.

*grevières* en fer plein, ou demi-jambières, qui couvraient seulement le devant de la jambe. Sous Philippe le Bel, on voit le premier exemple du *gantelet de fer à doigts séparés et articulés;* jusque-là ce gantelet n'avait été qu'une pièce rigide recouvrant le dessus de la main.

Vers le même temps, la cavelière, de plate ou sphérique qu'elle était, devint pointue à sa partie supérieure, et prit le nom de *bassinet;* mais ce bassinet était bien différent du casque, qui dans le siècle suivant conserva ce même nom et en vint à être complètement fermé.

L'époque de transition entre l'armure de mailles et la nouvelle armure en fer plein ou en acier, qu'on a aussi appelée *armure plate,* date des trente premières années du quinzième siècle (fig. 41).

Fig. 41. — Armure plate du xvᵉ siècle, 1460 environ. Musée d'artillerie de Paris.

Sous Philippe V et Charles IV, on voit le heaume prendre le ventail à grille, et la visière s'ouvre à charnière. Le bassinet, plus léger que le heaume, était porté d'abord par le chevalier qui ne s'attendait pas à combattre; mais on ne tarda pas à y ajouter la visière, comme au casque, et alors il devint d'un usage aussi général que le heaume, qu'on abandonna même vers la fin du quatorzième siècle.

Quelques pièces de l'armure de fer du cheval commencent aussi à paraître vers la même époque; on trouve un *chanfrein* (pièce de fer s'appliquant sur le devant de la tête du cheval), mentionné dans l'inventaire des armes de Louis X (1315).

A cette époque, l'arbalète, quelque temps proscrite par l'autorité ecclésiastique, était l'arme la plus usitée, comme ayant le double avantage de se tendre plus fortement que l'arc ordinaire et de lancer ses traits, dits *carreaux* et *viretons,* à une distance bien plus grande et avec plus de précision. A Crécy, en 1446, il y avait, disent les historiens, 10,000 arbalétriers dans l'armée française. Les Génois passaient pour les plus habiles arbalétriers de l'Europe; venaient ensuite les Anglais, les Gascons et les Parisiens. Un manuscrit de la Bibliothèque britannique nous les montre portant des chapels de fer, des brassières et des jambières; ils ont pour habits des jaquettes à longues manches pendantes. Tandis que les arbalétriers avaient les deux mains occupées à décocher leurs traits, des *pavoiseurs* (porteurs de pavois), étaient chargés de les protéger, à l'aide de grands boucliers (fig. 42).

Sous Jean le Bon (1350-64), l'armure plate était généralement adoptée : le long haubert de mailles, plus pesant et moins commode, avait été entièrement abandonné; mais on continua de garnir de mailles certaines parties du corps qu'on ne défendait pas encore par des plaques de fer. Le bassinet, alors très pointu, avait une garniture de mailles qui couvrait le cou et une partie des épaules. La partie supérieure du bras était garnie par un demi-brassard, qu'on appelait *épaulette;* mais le dessous du bras était garni de mailles.

Sous Charles V, quelques ornements commencent à s'introduire dans les armures, qui, jusque-là, avaient été d'un aspect aussi simple que sévère. Le camail du bassinet porte, par exemple, une broderie d'or et d'argent sur les épaules, et la pointe qui le surmonte est décorée d'une imitation de feuillage, ornement qui, selon

Fig. 42. — Arbalétriers protégés par des pavois (xvᵉ siècle), d'après une miniature des *Chroniques* de Froissart.

la *Chronique de du Guesclin*, avait l'inconvénient d'offrir comme une poignée pour saisir le chevalier coiffé d'un pareil casque. Les cuirasses, auxquelles on se bornait alors à donner un beau poli, ou qu'on peignait d'une couleur générale, tantôt éclatante et tantôt sombre, ne commencèrent à être gravées et ciselées que vers la fin du règne suivant.

Au temps de Charles VI, on adopta pour la première fois au bas de la cuirasse quatre ou cinq plaques mobiles, appelées *faldes*, qui protégeaient la partie inférieure du ventre, sans gêner les mouvements du corps. Un peu plus tard s'ajoutèrent les *tassettes*, qui s'attachaient à la naissance des cuisses, pour mettre à l'abri les hanches et les aines (fig. 43). Les artistes milanais étaient, paraît-il, singulièrement renommés dès cette époque pour la fabrication des armures, car Froissart rapporte qu'Henri IV, roi d'Angleterre, n'étant encore que comte de Derby, et se préparant à combattre le duc de Norfolk (1396), fit demander des armures à Galéas, duc de Milan, qui les lui envoya, avec quatre armuriers milanais. Les épées et les lances fabriquées à Toulouse et à Bordeaux avaient aussi une grande réputation, qui était égalée, du reste, par celle des espadons à deux mains, en usage dès le milieu du treizième siècle et fabriqués à Lubeck, en Allemagne. Enfin, les casques d'acier de Montauban étaient fort recherchés.

Vers le commencement du quinzième siècle, les engins de guerre, à part ceux qui avaient pour principe l'emploi de la poudre, avaient été singulièrement perfectionnés. Lorsque Jean sans Peur, duc de Bourgogne, marcha sur Paris, en 1411, son armée comprenait un nombre considérable de machines nommées *ribaudequins,* espèces d'arbalètes gigantesques traînées par un cheval, et qui lançaient au loin des javelots avec une énorme puissance. Il y eut aussi, à la fin de ce siècle, des arbalétriers à cheval, appelés *cranequiniers*.

Sous Charles VII, le plastron de la cuirasse était composé de deux parties : l'une couvrait la poitrine, l'autre, prenant aux hanches, couvrait le ventre et se rattachait à la première par des agrafes et des courroies. Ordinairement le plastron était bombé.

Instruit par l'horrible défaite d'Azincourt, où 10,000 hommes,

dont 8,000 appartenant à la noblesse, avaient été tués par suite
de la précision et de la célérité du tir des archers anglais, Char-

Fig. 43. — Guerriers italiens du xvᵉ siècle, portant la cuirasse garnie de tassettes. Bas-
relief de l'arc de triomphe du Château-Neuf (*Castel nuovo*) à Naples, élevé en 1770 par
le roi Ferdinand d'Aragon, pour célébrer ses victoires sur Jean de Calabre, fils de
René d'Anjou.

les VII institua en France les *francs archers* (fig. 44), qui portaient
la *salade,* la dague, l'épée, l'arc, le carquois ou l'arbalète garnie

Fig. 44. — Francs archers, d'après les toiles peintes de la ville de Reims. XVe siècle.

d'une trousse de dix-sept carrelets ou flèches, et le jacque ou *brigandine*. Ces archers étaient francs de toutes tailles ou impôts ;

leur équipement était déclaré insaisissable pour dettes, et ils recevaient à la guerre une paye de 4 livres par mois.

La *salade,* pièce d'armure restée particulièrement célèbre, et dont le nom a été appliqué plus tard à des casques de formes di-

Fig. 45. — Chevaliers revêtus de l'armure complète, avec la *salade* (fin du XVe siècle). Combat singulier, tiré du *Triomphe de Maximilien,* par Burgmayer, d'après les dessins d'Albert Dürer.

verses, est le casque par excellence de l'époque de Charles VII. C'était d'abord une coiffure de guerre, composée d'une simple calotte ou *timbre* couvrant le haut de la tête, avec un appendice postérieur plus ou moins allongé, qui tantôt garantissait seulement le cou, et tantôt aussi une partie des épaules. Vers la fin du quinzième siècle, on ajouta à la salade une petite visière, qui peu à peu s'allongea jusqu'au-dessus de la bouche, et dans laquelle une fente était alors ménagée pour permettre de voir (fig. 45). Sous Louis XII, la salade reçut une mentonnière, ayant à sa partie inférieure une *gorge*, ou *gorgerin*, qui enveloppait et protégeait le cou. On termina le haut de la cuirasse par un cordon, auquel la salade s'attacha, et ce casque, si différent de la salade primitive, continua d'en porter le nom.

La *brigandine*, ressouvenir des premières armures que la cotte de mailles avait fait abandonner, était composée de plaquettes d'acier ou de fer, disposées sur une forte toile ou sur du cuir, et cousues ou arrêtées avec du fil de fer, dans un ordre analogue à celui des écailles de poisson. Les soldats qui en étaient revêtus appartenaient la plupart aux bandes indisciplinées, désignées sous le nom de *brigands*, qui devint synonyme de pillards et de voleurs. L'ordonnance de Pierre II, duc de Bretagne, publiée en 1450, prescrivit aux nobles de se tenir en habillement d'archers, ou brigandine, s'ils savaient faire usage de traits, et dans le cas contraire, d'être pourvus de *guisarmes*, de bonnes salades, de harnais de jambes, et d'avoir chacun un *coustillier* au moins et deux bons chevaux. La *guisarme* était une espèce de javeline à deux fers tranchants et pointus. On appelait *coustillier* un fantassin ou un cavalier, en quelque sorte serviteur du gentilhomme, portant la *coustille*, épée longue, déliée, triangulaire ou carrée, qui semble se rapprocher du fleuret de nos salles d'escrime.

Vers cette époque, les seigneurs français déployaient beaucoup de magnificence dans les ornements de chanfrein de leurs chevaux. Nous savons, par exemple, qu'au siège d'Harfleur, en 1449, le comte de Saint-Pol avait mis sur la tête de son cheval de bataille un chanfrein d'or massif, du travail le plus délicat, qui n'était pas estimé moins de 20,000 couronnes. La même année, au siège

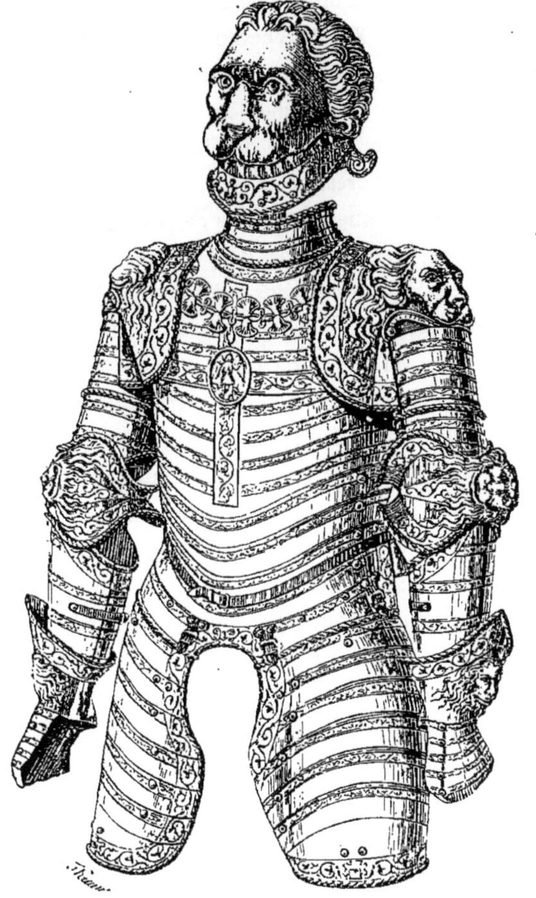

Fig. 46. — Armure aux Lions, dite *de Louis XII*, et dont les dessins sont attribués
à Jules Romain. Musée d'artillerie de Paris.

de Bayonne, le comte de Foix entra dans la ville soumise, monté
sur un cheval dont le chanfrein, d'acier poli, était enrichi d'or et

de pierres précieuses, d'une valeur de 15,000 couronnes d'or.

Un demi-siècle plus tard, c'est-à-dire sous les règnes de Char-les VIII et de Louis XII, les chevaux portèrent, outre le chanfrein, le *manefaire* protégeant le cou, le *poitrail,* la *croupière,* les *flan-cois,* qui couvraient la poitrine, le dos et les flancs de l'animal, et auxquels on ajouta encore une dernière pièce qui pendait sous la queue. Les deux armures, celles du cavalier et du cheval, pesaient de 75 à 82 kilogrammes. Plusieurs corporations étaient occupées à fabriquer les diverses pièces de l'armure; d'autres, telles que les *blasonniers,* les *chapuiseurs* et les *bourreliers,* travaillaient à la selle et aux étriers.

Il nous reste du temps de Louis XII les armures bombées, ornées de cannelures, entremêlées parfois de magnifiques gra-vures en creux à l'eau-forte, ou de sujets en relief produits au repoussé, qui font de ces vêtements de guerre de véritables œu-vres d'art (fig. 46). Des artistes, comme Benvenuto Cellini, ne dédaignèrent pas d'y déployer les ressources de leur art.

Louis XII fut le premier roi qui admit dans ses armées des mercenaires albanais, nommés *estradiots,* qui se louaient pour le service militaire aussi bien aux Turcs qu'aux chrétiens. L'armure de cette milice se composait d'une cuirasse avec des manches et des gants de maille, et une jaquette par-dessus; et, pour la tête, d'une salade sans visière. Les estradiots, appelés aussi *argoulets* lorsqu'à cheval ils faisaient office d'éclaireurs, portaient un large sabre, appelé *braquemart,* assez semblable à celui des Turcs, mais avec une barre qui, de même que le fourreau, était ornée de devi-ses grecques. Ils portaient, en outre, au pommeau de leur selle, une masse d'armes, et se servaient d'une lance fort longue, garnie de fer aux deux bouts : c'était le *fauchard.*

L'usage s'introduisit aussi, à cette époque, de la *pertuisane,*

dont la lame, beaucoup plus large que celle de la lance, formait
le croissant immédiatement au-dessus de la hampe. Il y avait alors

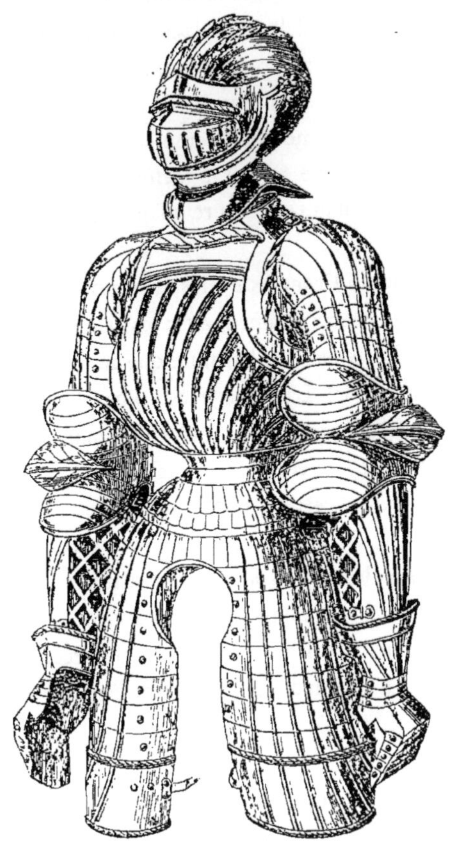

Fig. 47. — Armure bombée du xvᵉ siècle, dite *Maximilienne*.
Musée d'artillerie de Paris.

deux sortes d'arbalète : l'une pour lancer les *carreaux*, l'autre les
*balles*. L'arc se tendait à l'aide d'un moulinet.

L'armure bombée et cannelée n'était pas la seule adoptée en France et en Italie, à la fin du quinzième siècle et au commencement du suivant (fig. 47). Les monuments du temps de Louis XII, tant chez nous qu'au delà des Alpes, nous montrent comme étant en vogue un genre d'armure unie, dont la cuirasse, plus allongée de taille que les armures bombées, avait une arête ou côte sur le milieu. Cette côte, qui modifiait complètement le caractère des cuirasses, en cela qu'elle servait à détourner le coup de lance, se prononça de plus en plus à mesure qu'on approcha du dix-septième siècle.

Sous le règne de François I<sup>er</sup>, les armures bombées continuèrent d'être en usage, concurremment avec les armures à côte. Le Musée d'artillerie de Paris possède l'armure que ce roi portait, en 1525, à la bataille de Pavie. La taille y est plus allongée que dans les cuirasses du siècle précédent; l'arête du milieu, plus accentuée; les *goussets* de l'épaulière sont à plusieurs lames mouvantes et de forte dimension. Le casque, nom générique que l'on donna depuis lors à toute armure de tête, prit une forme commode et élégante qui se conserva jusqu'à l'abandon des armures. Hommes et chevaux furent alors magnifiquement empanachés. « Le marquis de Pescaire, » rapporte Brantôme, « s'était accommodé d'un fort grand panache à sa salade, si couvert de papillottes que rien plus, ainsi que les plumassiers de Milan s'en font dire de très bons et ingénieux maîtres, et en avait donné un de même au chanfrein de son cheval. » Cette mode fut surtout poussée à l'excès en Allemagne (fig. 48).

Une autre cuirasse, de la même époque, à taille encore plus longue, se relève par son extrémité inférieure, et s'abaisse au milieu du corps pour dessiner les contours des hanches. Elle est formée de lames mobiles, se recouvrant de bas en haut et qui permettent au corps de se courber, chose presque impossible lorsque le plastron et le dos étaient faits d'une seule pièce. Quel-

Fig. 48. — Soldats des bandes allemandes, d'après un tableau à l'huile de Joachim Beuckelaer. XVIᵉ siècle.

quefois, ces lames mobiles ne sont qu'au nombre de trois ou quatre sur le ventre, et les autres sur la poitrine sont simplement figurées.

Nous ne devons pas omettre de signaler l'armure dite *à éclipse* ou *à écrevisse*, que portèrent, à une certaine époque, les hallebardiers : elle avait été ainsi nommée parce que la cuirasse était composée de lames ou éclisses horizontales de trois pouces de largeur chacune, qui, bien qu'enveloppant étroitement le corps, lui laissaient toute la liberté de mouvement. Il faut noter cependant cette circonstance, qui empêcha l'adoption générale de cette armure, que, si le jeu des éclisses rendait commode à porter, elles venaient assez souvent à se disjoindre et à laisser par conséquent une partie du corps sans défense. En les superposant de bas en haut, on opposait un obstacle aux coups d'épée et de dague, qui étaient ordinairement dirigés dans le même sens ; mais on s'exposait davantage aux coups des *martels* ou des haches, qui frappaient de haut en bas.

L'armure bronzée commença à être en usage vers le milieu du seizième siècle et fut assez généralement portée en 1558 ; on l'adopta, parce qu'il était beaucoup plus facile de la tenir propre qu'une armure d'acier poli. Pour ce même motif, on avait essayé des armures noires ; mais les gravures et ciselures, dorures et damasquinures produisant un plus bel effet sur des fonds verdâtres, on abandonna les vernis noirs pour revenir à la couleur bronzée.

A la fin du seizième siècle, et pendant les longues guerres civiles qui affligèrent la France, les armures prirent des formes très variées, offrant communément, au moins comme décoration, un mélange assez bizarre du goût du siècle précédent avec celui de l'époque (fig. 49). Au reste, la décadence, en quelque sorte inévitable, de l'armure était venue.

De la Noue, célèbre capitaine calviniste du temps de Charles IX, dit dans un de ses *Discours militaires :* « La violence des piques et arquebuses a fait adopter avec raison une armure plus

Fig. 49. — Armure damasquinée de la fin du xvi<sup>e</sup> siècle. Portrait de François, duc d'Alençon, frère cadet d'Henri III, d'après *la Monarchie françoise* de Montfaucon.

forte et plus à l'épreuve qu'elle n'était. Maintenant elles sont tellement pesantes, qu'on est chargé d'enclumes plutôt que couvert
d'une armure. Nos gendarmes et notre cavalerie légère du temps
d'Henri II étaient bien plus beaux à voir, avec leur salade, leurs
brassards, les tassettes et le casque, portant la lance avec une
banderole; et leurs armes n'étaient pas d'un poids plus fort que ne
peut porter un homme pendant vingt-quatre heures; mais celles
d'aujourd'hui sont tellement pesantes, qu'un jeune chevalier de
trente ans en a les épaules entièrement estropiées. »

Ainsi, à force de vouloir donner aux armures une résistance
en rapport avec le perfectionnement des engins nouveaux, on arrivait à les rendre d'un emploi impossible, leurs poids devenant
insupportable surtout par les temps chauds, pendant les longues
marches, ou dans les combats de quelque durée. Après avoir donc
inutilement essayé de les rendre plus fortes, on commença par en
supprimer les pièces les moins importantes, puis elles tombèrent
peu à peu en désuétude.

Ce fut en vain que Louis XIII enjoignit à tout gentilhomme de
porter le haubert, sous peine de dérogation; le casque et la cuirasse
furent seuls conservés, et s'ils subirent quelques modifications, la
mode les imposa plus encore que l'utilité. Enfin, il y a tout lieu de
croire que l'armure magnifique dont la république de Venise fit
présent à Louis XIV, en 1668, et qui est aujourd'hui conservée
au Musée d'artillerie de Paris, fut une des dernières fabriquées en
Europe.

# CHAPITRE V.



Opérations et machines de siège.

Après avoir esquissé la physionomie guerrière du moyen âge
en général, il reste à examiner rapidement les travaux de guerre
auxquels donnaient lieu à cette époque l'attaque et la défense des
places fortes.

Jusqu'à l'invention de la poudre, ou pour mieux dire jusqu'au
perfectionnement de l'artillerie, l'art de la fortification, suivant
Prosper Mérimée, consista dans une observation plus ou moins
exacte des traditions laissées par les Romains. Le château du
moyen âge offrait absolument les mêmes caractères que le *cas-
tellum* antique : c'était une fortification permanente; les châteaux, ainsi que les villes, étaient indépendants, et ne formaient
point entre eux, comme de nos jours, un système raisonné de
défense.

Les moyens d'attaque contre lesquels les ingénieurs ou *en-
geigneurs* avaient à se prémunir étaient l'escalade tentée par
surprise ou de vive force, et la brèche, pratiquée soit par la
sape, soit par la mine, soit par le jeu des machines destinées à
renverser les remparts. Or, l'emploi de ces machines ou *engins*
fut bien moins fréquent depuis la chute de l'empire romain qu'il
ne l'était dans l'antiquité, où l'art de la guerre n'avait pas d'objet
plus intéressant que de faire un siège ou de le soutenir.

La première opération des assiégeants consistait à prendre et à détruire les ouvrages avancés de la place assiégée, tels que poternes, barbacanes, barrières, etc (fig. 5o). La plupart de ces ouvrages étant en bois, on tâchait de les démolir à coups de hache, ou d'y mettre le feu avec des flèches garnies d'étoupes soufrées ou de toute autre composition incendiaire.

Fig. 5o. — Porte fortifiée de la ville d'Aigues-Mortes; architecture militaire du xiii<sup>e</sup> siècle.

Si le corps de place n'était pas fortifié ou défendu de manière à rendre impossible une attaque de vive force, on tentait aussitôt l'escalade. A cet effet, on comblait le fossé, ordinairement semé de pointes en fer ou *chausse-trapes* (fig. 51), avec des fascines ou fagots de branchages coupés, et l'on y descendait des échelles, qu'on dressait ensuite contre le rempart, pendant que des archers, postés sur le revers du fossé à l'abri de grands pavois fichés en terre, écartaient, à coups de flèches, des plates-formes et des créneaux les défenseurs qui osaient s'y montrer.

Si le siège tirait en longueur, le blocus rigoureux, seul moyen de réduction alors possible, offrait de grandes difficultés à des armées non permanentes et ordinairement peu nombreuses. Il fallait donc que l'assiégeant protégeât ses approches pas des ouvrages en bois, en terre et même en pierre, exécutés à la faveur de la nuit, assez solides et assez élevés pour permettre à des archers de diriger leurs coups jusque sur la plate-forme de la place investie. On construisait aussi des tours en bois à plusieurs étages, montées pièce à pièce au bord du fossé, ou fabri-

Fig. 51. — Chausse-trape. XIVe siècle.

quées hors de la portée des machines de la place et amenées ensuite sur des rouleaux jusqu'au pied des murailles (fig. 52). Au siège de Toulouse, en 1218, une machine de ce genre, qui fut dressée par les ordres de Simon de Montfort, pouvait contenir, dit la *Chronique des Albigeois*, 550 hommes à ses différents étages. Ce fut même dans cette énorme charpente qu'il se trouvait lorsqu'une pierre lancée par un mangonneau des assiégés l'atteignit à la tête, et l'étendit raide mort.

Quand les traits lancés des étages supérieurs de ces tours nommées *chats, châteaux, bretesches* dans le Nord, *chattes* dans le Midi, avaient chassé les assiégés de leur plate-forme et de leurs créneaux, on abaissait un pont mobile sur le rempart, et le combat s'engageait alors main à main. L'assiégé, pour empêcher ou retarder l'approche de ces redoutables machines, lançait contre elles des pierres énormes et des traits enflammés; quelquefois, il minait ou inondait le terrain sur lequel elles devaient passer, afin qu'elles se renversassent de leur propre poids.

On employait encore, pour réduire les places, la sape, la mine et diverses machines de guerre. Des mineurs, armés de pics, des-

Fig. 52. — Tour roulante, destinée à l'escalade des murailles d'une ville. Miniature de l'*Histoire du monde*, manuscrit du xive siècle.

cendaient dans le fossé, sous la protection d'un corps d'archers. Un toit incliné, composé de madriers ou de mantelets, les mettait à l'abri des projectiles de toutes sortes lancés du haut des remparts. Ils travaillaient à percer la muraille, en arrachant pierre à pierre, jusqu'à ce qu'ils eussent pratiqué un trou assez large pour que plusieurs soldats pussent y pénétrer à la fois et s'y tenir à couvert, pendant que les sapeurs achevaient de pratiquer un passage. L'assiégé, voyant de quel côté l'ennemi dirigeait ses efforts, cherchait à réunir sur ce point tous ses moyens de défense : tantôt il s'efforçait d'accabler les travailleurs par la chute de grosses pierres ou de l'huile bouillante, tantôt en construisant à la hâte un massif de maçonnerie, en arrière du mur que l'assiégeant avait entamé, il retardait indéfiniment le progrès de la sape. Jean Bureau, l'un des frères qui réorganisèrent l'ar-

Fig. 53. — Prise d'une ville : la garnison se rend à merci. Miniature de l'*Histoire du monde*
manuscrit du xɪvᵉ siècle.

tillerie sous Charles VII, forma un corps de sapeurs, appelés *taupains,* pour faire les travaux de mine pendant les sièges.

La mine avait cet avantage sur la sape, que l'assiégeant, n'étant pas en vue pour l'exécution de ce travail secret, pouvait surprendre l'assiégé. A cet effet, on creusait une galerie souterraine, que l'on poussait sous les fondations des remparts et des tours. Quand la mine était arrivée sous les bâtiments, on les étançonnait avec des madriers, en sorte qu'ils ne se soutinssent plus qu'au moyen de cette charpente. Puis, autour des étais, on entassait des sarments et des matières inflammables, auxquelles on mettait le feu. Les étais consumés, les murailles, en s'écroulant d'elles-mêmes, ouvraient une large brèche à l'assail-

Fig. 54. — Tour de guet, éclairée par des fanaux et défendue par des chiens. Fac-similé d'une miniature du xvᵉ siècle, d'après un dessin de Prosper Mérimée.

lant. Alors la garnison n'avait plus qu'à se rendre à merci, pour éviter les assauts et le sac de la place (fig. 53).

Les assiégés, pour s'opposer à ce système d'attaque, n'avaient guère d'autres ressources que de faire bon guet et de chercher à découvrir le point où travaillaient les mineurs, pour s'opposer à leurs travaux par des contre-mines. Au siège de Rennes, en 1356, le gouverneur de la ville fit placer en différents endroits des bassins de cuivre contenant chacun plusieurs boules de même métal : en voyant ces boules remuer, ou plutôt en les entendant frémir à chaque coup de pic qui ébranlait le sol, on pouvait s'assurer que les mineurs n'étaient pas loin. Il y avait, au reste, des guetteurs de nuit, qui surveillaient les abords de la place et qui sonnaient la cloche d'alarme au moindre bruit. Quel-

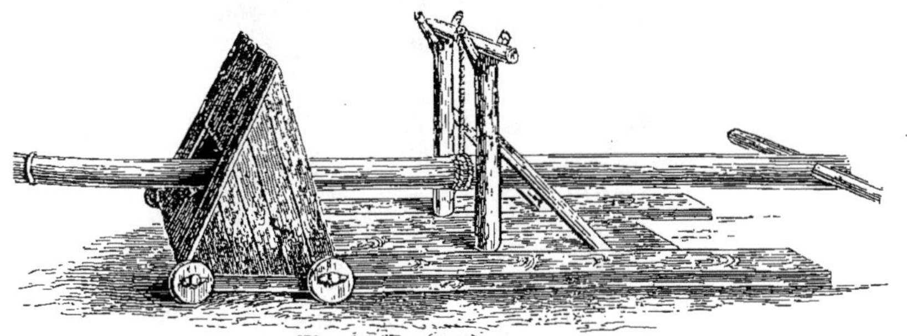

Fig. 55. — Bélier, d'après une miniature du manuscrit 17,339 de la Bibl. nat. de Paris.

quefois même ces guetteurs étaient remplacés par des chiens dont les abois, en cas de surprise, avertissaient la garnison (fig. 54).

Le lent et pénible travail du mineur était souvent remplacé avec avantage par l'action plus énergique de certaines machines, qui peuvent être divisées en deux classes distinctes : les unes, destinées seulement à opérer de près et à battre en brèche les murailles, et qui comprenaient diverses variétés de l'ancien *bélier* (fig. 55); les autres, dont l'action ne s'exerçait que de loin contre la place assiégée, et qui se nommaient *pierriers, mangonneaux, espringales,* etc. (fig. 56 et 57).

Le bélier, qui paraît avoir été connu de toute antiquité, se trouve décrit dans les documents du moyen âge, à peu près tel qu'on le voit figurer sur les monuments de Ninive. « Le jour de Pâques, » dit l'auteur anonyme de la *Chronique des Albigeois,* « le *bosson* (nom

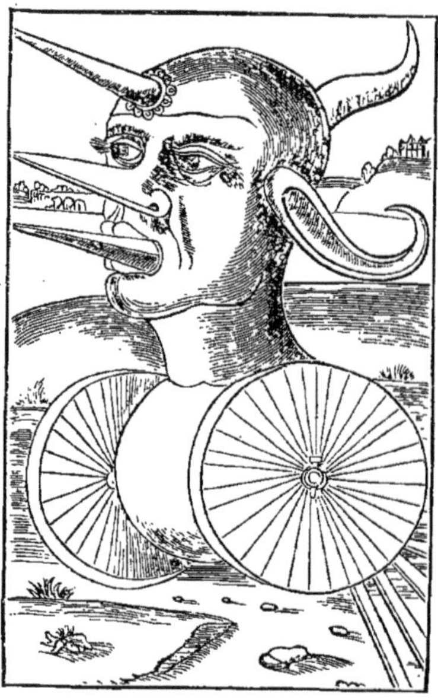

Fig. 56. — Machine roulante destinée à bouleverser les rangs de l'ennemi ou à écraser les soldats. Végèce, *l'Art militaire,* 1532.

Fig. 57. — Espringale, machine à lancer des traits ou à favoriser l'approche d'une ville assiégée. Robert Valturio, *la Discipline militaire,* 1555.

méridional du bélier) est mis en batterie : il est long, ferré, droit, aiguisé; tant frappe et tranche et brise, que le mur est enfoncé; mais les assiégés firent un lacs de corde tendu par un engin, et dans ce nœud la tête du bosson est prise et retenue. »

Ordinairement, le bélier était, en effet, une longue et lourde poutre, suspendue par son milieu à un chevalet. L'extrémité, qui servait à frapper le mur, était garnie soit d'une chape de fer, soit d'une pointe d'airain. On balançait, à force de bras, cette poutre, qui, heurtant sans cesse une muraille sur le même point, avait chance de l'ébranler ou de la renverser plus ou moins vite; d'autres fois, le bélier, au lieu d'être suspendu et oscillant, se trouvait fixé

Fig. 58. — Mangonneau, machine de guerre du xv<sup>e</sup> siècle. Miniature du ms. 7,539 de la Bibliothèque nationale de Paris.

et monté sur des roues, et on battait les murailles en le faisant agir en avant et en arrière. Nous avons vu, plus haut, les assiégés saisir la tête du bélier avec des cordes; en outre, ils lançaient dessus, pour le rompre ou le désorganiser, des pierres et des madriers, ou bien ils opposaient à ses coups un épais matelas de laine, couvert de cuir.

Les machines dont on se servait pour lancer au loin des projectiles semblent correspondre toutes à la catapulte des anciens. Ce n'était souvent qu'une sorte de fronde gigantesque, manœuvrée par plusieurs hommes, et jetant des quartiers de roche ou des boulets de pierre (fig. 59). Le *mangonneau, bricole* ou *trabuch,* consistait

Fig. 59. — Bricole. — La force centrifuge, quand le style pivote rapidement sur son axe, fait échapper l'œil C du crochet D; alors le barillet, dirigé par la fourche EE, s'échappe et est projeté au loin. — F, bout du style, lorsqu'il est abaissé par le treuil A et chargé de son baril de feu ou de fer. — B, rondelles de pierre, de fer ou de plomb.

en un affût de bois, formé d'épais madriers assemblés d'équerre. Entre les deux pièces latérales, on tendait des *nerfs,* des cordes de chanvre ou des crins fortement tordus. Au milieu s'élevait une pervenche ou *cuilleron,* qui, par la tension des cordes, était ramenée en avant contre une traverse au-dessus de l'affût. Des hommes, placés à un treuil au bout de l'affût, abaissaient cette perche, et tendaient les cordes comme on fait de la clef d'une scie, quand on la serre. La perche étant ainsi maintenue, on plaçait dans la cuiller, qui formait son extrémité, un projectile quelconque. Puis, par l'effet du départ du ressort, appelé *déclic*, la perche, ramenée vivement sur elle-même par la torsion des cordes, lançait avec force le projectile à de grandes hauteurs et à des distances considérables. Les bricoles étaient employées parfois à jeter dans les places assiégées des cadavres de chevaux et d'animaux morts, des boulets incendiaires et des vases remplis de matières inflammables (fig. 59), mais le plus souvent elles avaient pour objet d'effondrer les toits des maisons et de briser les *hourds* (abris en bois), élevés sur les remparts.

L'usage des machines de guerre subsista longtemps encore après l'invention de la poudre à canon. Ainsi l'on voit, dans les guerres du quatorzième siècle, notamment aux sièges de Tarragone, de Barcelone et de Burgos, les bricoles employées en même temps que les bouches à feu. C'est vers la fin du quinzième siècle seulement que le perfectionnement de l'artillerie nouvelle, qui permettait de battre en brèche à distance avec moins de perte de temps et d'hommes, fit abandonner les engins de bois et de cordes qui composaient l'ancienne balistique. Dès lors commença dans l'attaque et la défense des places une révolution complète, dont les immenses résultats n'appartiennent plus à l'époque de la Renaissance.

# CHAPITRE VI.

Invention de la poudre à canon. — Bombardes et canons à main. — La couleuvrine,
le fauconneau. — L'arquebuse à serpentin, à mèche, à rouet. — Le fusil et le
pistolet.

Retournons maintenant sur nos pas pour examiner toute une
série d'armes, dont l'adoption successive devait complètement
changer l'art de la guerre.

L'invention de la poudre à canon a donné lieu à un grand nombre de controverses. On l'a tour à tour attribuée au moine anglais
Roger Bacon et à Berthold Schwartz, religieux augustin de Fri-
bourg. Les anciens en connaissaient la composition, et ne surent
la faire servir qu'à des feux d'artifice.

L'opinion la plus vraisemblable reporte aujourd'hui aux Chinois
l'honneur de l'invention, ou plutôt de l'application aux usages de
guerre : dès 969, ils préparaient le salpêtre et fabriquaient des fusées
et des flèches à feu. Genghis-Khan avait dans son armée des ingénieurs chinois, qui se servaient de la poudre pour faire sauter les
fortifications. C'est par les Arabes que l'importation s'en répandit
en Europe ; ils l'employèrent en 1323 au siège de Baeza, les Italiens en 1326 et les Anglais en 1338. Néanmoins, l'emploi de
l'artillerie et des armes à feu portatives ne devint général que
pendant les guerres de Charles-Quint et de François 1er, c'est-à-
dire vers 1530, ou deux siècles au moins après qu'elles eurent été
inventées.

Mais peut-être au lieu de donner, comme nous venons de le faire, au mot *artillerie* l'acception absolue qui est consacrée, nous aurions dû dire : artillerie à feu ou à poudre ; car, longtemps avant l'invention de la poudre, le terme d'*artillerie* servait à désigner l'ensemble des machines ou engins de guerre (fig. 60). Ainsi,

Fig. 60. — Engin à jeter des pierres, d'après une miniature du *Chevalier au Cygne*, ms. du xiii<sup>e</sup> siècle. Bibliothèque nationale de Paris.

au milieu du treizième siècle, nous trouvons dans le personnel dit *de l'artillerie* un grand maître des arbalétriers, des maîtres d'engins, des canonniers (on appelait déjà *canon* un tube constituant une des pièces principales d'une machine à lancer des projectiles), et nous voyons, en 1291, Philippe le Bel nommer un grand maître de l'artillerie du Louvre.

Pour pouvoir suivre avec plus de méthode le progrès de l'armurerie que nous appellerons nouvelle, nous traiterons séparément d'abord des engins à gros calibre, qui furent les premiers employés, puis des armes portatives.

La première mention des canons en France se trouve dans un compte du trésorier des guerres, en 1338, où on lit : « A Henri de Vaumechon, pour avoir poudres et autres choses nécessaires aux canons, » qui servirent l'année suivante, au siège de Puy-Guilhem, en Périgord. A cette même date, Hugues de Cardaillac reçoit du grand maître des arbalétriers dix canons et de la poudre, pour concourir à la défense de Cambrai, assiégé par le roi Édouard III.

Nous apprenons ensuite par Froissart, qu'en 1340 les habitants du Quesnoy se servirent, pour repousser l'attaque des Français, de bombardes et de canons, qui lançaient de gros *carreaux* contre les assiégeants. En 1345, on fabrique à Cahors vingt-quatre canons de fer et soixante livres de poudre pour le siège d'Aiguillon. Enfin, en 1346, l'artillerie des Anglais, composée de trois canons, joua un certain rôle à Crécy; car il est inexact de prétendre qu'elle opéra seule le gain de la bataille. Les armes à feu dont on put se servir à cette époque n'étaient nullement propres à figurer dans les batailles rangées, et elles ne se trouvaient employées que concurremment avec les anciennes machines dans l'attaque et la défense des places fortifiées. Non seulement leur poids énorme et la construction grossière des affûts les rendaient d'un transport extrêmement difficile, mais, destinées à l'office de catapultes, elles étaient construites, la plupart du temps, pour lancer de lourds projectiles, en leur faisant décrire une ligne courbe, comme les bombes d'aujourd'hui, et leur forme se rapproche, en effet, beaucoup plus de celle de nos mortiers que de nos canons (fig. 61).

« Il paraît, » dit M. de Saulcy, « que pour les charger on se servait de manchons ou de *chambres* mobiles, dans lesquelles la charge était préparée d'avance, et qui s'adaptaient, au moyen d'une clavette, au corps de la pièce. Quelquefois ce manchon se plaçait sur le côté, et formait un angle droit avec l'âme de la pièce; le plus ordinairement il s'adaptait à la culasse, dont il formait le prolongement. »

Fig. 61. — Bombardes sur affûts fixes et roulants. Bibl. nat. de Paris, mss. 851 et 852.

Ce nom de *bombardes,* que nous venons de citer, fut le premier employé pour désigner les bouches à feu ; mais ces engins étaient en principe si imparfaits et si peu puissants, qu'on préférait encore, quand il fallait lancer de très lourds projectiles, faire usage des *machines à fronde,* qui ont joué un grand rôle dans la guerre des sièges au moyen âge.

D'abord, la pièce reposa, pour ainsi dire, fixe sur un support massif. Bientôt, on s'occupa des moyens de pointage. Aussi ne tardons-nous pas à voir figurées dans les manuscrits des pièces qui peuvent osciller de bas en haut à l'aide de tourillons, ou qui sont relevées ou rabaissées pour le tir, par une sorte de queue ou long prolongement postérieur du tube; d'autres fois, le devant du canon est soutenu par une fourche, qui s'enfonce plus ou moins dans la terre. Cette bombarde, attachée à un plateau à roulettes, reçut la qualification de *cerbotana ambulatoria* (ce dernier mot comportant l'idée de déplacement de l'engin).

Les projectiles, on l'a vu, étaient de pierre; mais il n'est pas douteux, que, dès le quatorzième siècle on n'en ait fait aussi en métal fondu, et cela sans rien innover, car les anciennes machines de guerre, y compris la fronde, lançaient des balles de plomb et des masses de fer rougies au feu. Il arriva sans doute que, voulant pour l'artillerie à poudre augmenter démesurément les dimensions des projectiles, on se servit de la pierre, qui, dans l'état de l'industrie, se prêtait beaucoup mieux que les métaux à la confection des gros boulets.

Christine de Pisan, qui a écrit sous Charles VI le *Livre des faits d'armes et de chevalerie,* nous a laissé un ensemble de détails fort intéressants sur l'état de l'artillerie à feu, laquelle avait pris, dès le quinzième siècle, une extension beaucoup plus grande qu'on ne serait porté à le croire; et toutefois, dans les descriptions d'armements ou récits de combats que nous a laissés cet auteur, on voit presque toujours figurer encore, à côté des bouches à feu, les machines à fronde, les grandes arbalètes, etc., preuve certaine que l'emploi de la poudre trouvait, en plus d'une circonstance, son équivalent dans les anciens moyens de propulsion des projectiles.

Robert Valturio, écrivain italien, dont le traité *Sur l'art militaire* fut imprimé la première fois en 1472, a décrit et figuré tous les engins de guerre alors en usage. Les bouches à feu ne sont pas oubliées. On remarque que la plupart de ces pièces n'ont plus de boîtes formant une chambre mobile, ce qui annonce un perfectionnement important dans l'art de les fabriquer; par contre,

Fig. 62. — Artilleurs et sergents d'armes. D'après une miniature des *Chroniques du Hainaut.* xve siècle.

ces canons, reliés par des cordes à un bloc de bois, ou posant simplement sur des chantiers, devaient être fort difficiles à déplacer.

A cette époque, on appelait plus communément *bombardes* les pièces du plus gros calibre, qui lançaient d'énormes boulets de pierre, comme la pièce du duc de Bourgogne, dont chaque projectile pesait 450 livres; *mortiers*, des bouches à feu très courtes, lançant des projectiles incendiaires; *canons*, des pièces de calibre moyen, recevant des projectiles en fer (fig. 63); *coulevrines*, des pièces longues se chargeant avec des balles de plomb, que l'on refoulait, ainsi que la poudre, avec une baguette de fer; *canons à main* ou *bâtons à feu*, des armes en quelque sorte portatives, car, si elles étaient manœuvrées par un seul homme, ce n'était jamais sans qu'il eût recours à un appui pour les tirer (fig. 64).

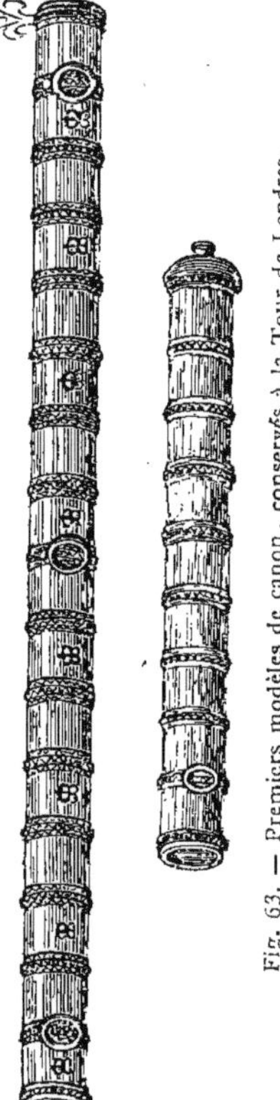

Fig. 63. — Premiers modèles de canon, conservés à la Tour de Londres.

Ce dernier térme de *bâton à feu*, comme celui de *canon*, avait une origine antérieure à l'invention de la poudre. Les lances et les épées ayant été fort souvent désignées sous le nom générique de *bâtons*, il en résulta que cette qualification, qui signifiait *armes* en général, fut donnée aux premières armes à feu portatives. On voit même, dans les anciennes ordonnances royales, le terme de *gros bâtons* employé quelquefois pour indiquer les fortes pièces d'artillerie.

Le perfectionnement le plus important qui se soit jamais produit dans l'artillerie est certainement, d'après M. de Saulcy, celui qui a consisté à placer une pièce à tourillons sur un affût à *flasques* (pièces de bois entre lesquelles la pièce peut osciller et qui

sont reliées par des traverses), affût monté sur des roues, et per-
mettant de faire varier les inclinaisons de la pièce par le simple
mouvement d'un coin de bois placé sous la culasse. Mais, chose
étrange, ce perfectionnement est celui dont il est le plus difficile

Fig. 64. — Canon à main ou bâton à feu, d'après une tapisserie de l'église Notre-Dame
de Nantilly, à Saumur.

de préciser la date. Cependant tout porte à croire que ce fut entre 1476 et 1494, c'est-à-dire durant les règnes de Louis XI et de
Charles VIII, que l'on parvint à fabriquer des pièces de tous les
calibres, capables de lancer des boulets de fer, et à fixer solidement des tourillons qui supportèrent non seulement le poids de

la pièce, mais encore tout l'effort du recul. Les affûts qui reçurent ces pièces furent montés sur des roues. On put améliorer le pointage et rendre le tir plus juste; il fut possible d'augmenter la charge et la portée, et l'on remplaça les boulets de pierre par des boulets de fer.

C'est à partir de cette époque que l'art de fortifier les villes a dû subir la révolution qui en a subitement changé la face (fig. 65).

Lorsqu'en 1494 Charles VIII pénétra en Italie pour faire la conquête du royaume de Naples, l'artillerie française, réformée par Gaspard Bureau et perfectionnée par Jacques de Genouillac, son successeur au poste de grand maître, excita l'admiration générale. Les Italiens n'avaient que des canons de fer, qu'ils faisaient traîner par des bœufs, à la queue de leur armée, plus pour la montre que pour l'usage. Après une première décharge, il se passait des heures entières avant qu'on fût en état de tirer un nouveau coup.

Les Français avaient des canons de bronze, plus légers, traînés par des chevaux et conduits avec tant d'ordre que leur transport ne retardait presque point la marche de l'armée; ils disposaient leurs batteries avec une promptitude incroyable pour l'époque, et leurs décharges se succédaient avec autant de célérité que de justesse. Les écrivains italiens contemporains rapportent que notre artillerie se servait presque exclusivement de boulets de fer, et que ses canons, de gros et de petit calibre, *se balançaient* sur leurs affûts d'une manière admirable (fig. 66).

Cependant, il ne nous a été conservé non seulement aucun échantillon, mais même aucun dessin de cette remarquable artillerie. Tout au plus le Musée d'artillerie possède-t-il une petite pièce en bronze qui, entre les tourillons et la culasse, porte cette inscription : *Donné par Charles VIII à Bartemi, seigneur de Pins,*

*capitaine des bandes de l'artillerie en 1490.* Ce canon n'offre
pour nous rien de particulier dans sa disposition, car on y reconn-
naît déjà le type qui n'a presque plus varié depuis, et qui, paraît-
il, fut définitivement adopté sous Louis XII et François Ier, époque dont il nous reste deux magnifiques canons en bronze qui

Fig. 65. — Siège d'une ville dont les murailles sont garnies de canons : sommation d'ouvrir
les portes et de mettre bas les armes. D'après une gravure du *Kriegsberger*, par Léonard
de Fronsberg, dit *Fronsberger* (Francfort, 1575, in-fol.).

ont été retrouvés à Alger en 1830 : le porc-épic, la salamandre et
les fleurs de lis dont ils sont décorés en ont fait reconnaître l'origine.

Devenue d'un usage important sous Charles VIII, l'artillerie,
qui d'ailleurs avait joué un rôle décisif dans les grandes batailles
de Ravenne et de Marignan, fut, sous les règnes suivants, l'objet

d'une attention toute particulière; elle amena une modification dans la tactique, en ce qu'il devint impossible de continuer à lui présenter des masses compactes. Mais, répétons-le, les véritables règles de fabrication et d'installation étaient dès lors trouvées; il n'y avait plus à chercher que des perfectionnements de détail.

Fig. 66. — Bombardes sur leurs affûts mobiles, d'après une gravure du *Kriegsbuch* (Manue de la guerre), par Léonard de Fronsberg, dit *Fronsberger;* Francfort, 1575, in-fol.

L'*Armeria real* de Madrid possède un curieux *dragonneau,* fondu, en 1503, à Liège, et qui figura, en 1511, au siège de Santander. L'affût, d'une seule pièce de chêne sculpté, est digne, par la délicatesse et le fini du travail, de servir de support à ce bijou de bronze, qui présente un double intérêt au point de vue de l'art d'abord, puis à celui des progrès rapides qu'avaient déjà faits les armes à feu, car celle-ci, à double canon, se chargeait par derrière (fig. 67).

Arrivés là, rétrogradons de nouveau pour aller prendre à son origine et suivre rapidement le progrès des armes à feu portatives.

Les premières de ces armes, en usage au milieu du quatorzième siècle, se nommaient *canons à main,* et n'étaient autrement

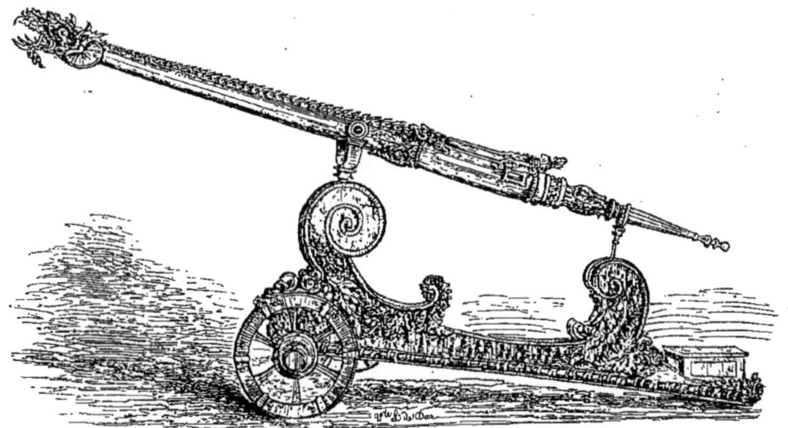

Fig. 67. — Dragonneau à deux canons, fondu en 1503. *Armeria real* de Madrid.

formées que d'un tube de fer percé d'une lumière sans fût ni batterie.

Un manuscrit de cette époque représente un guerrier, qui, monté sur une de ces petites tours mobiles, faisant alors partie du matériel de siège, lance une pierre avec une arme à feu de ce genre. L'arme est appuyée sur le parapet. A côté, circonstance qui donne la mesure de la puissance du canon à main, une fronde est placée avec sa pierre, les deux engins étant destinés sans doute à servir alternativement. Ailleurs, c'est un cavalier qui tient une sorte de petite pièce à queue, dont l'extrémité antérieure est soutenue par une fourchette fixée dans le pommeau de la selle. Ainsi, il était impossible au tireur de pointer, et il mettait le feu avec la main.

Un peu plus tard, pour soustraire le tireur à l'effet du recul, on ajouta au-dessous du canon, un peu plus bas que le milieu, une espèce de croc qui était destiné à servir de point d'arrêt à la pièce, lorsque pour s'en servir on l'appuyait sur une fourche ou sur un mur : de là, la dénomination d'*arquebuse à croc,* qui se substitua à celle de *canon à main.*

L'arquebuse à croc pesait quelquefois 50 à 60 livres, mesurait jusqu'à 5 ou 6 pieds de long, et n'était guère en principe qu'une arme de rempart; on l'allégea un peu, pour la donner aux fantassins, qui cependant ne la tiraient jamais sans un appui fixe ou mobile.

L'inconvénient de mettre le feu avec la main, ce qui d'ailleurs empêchait de viser, ne tarda pas à être en partie écarté, par l'adaptation au canon nu d'un fût pour épauler l'arme, et d'un porte-mèche ou *serpentin,* qu'on n'avait qu'à abaisser pour que la poudre de la lumière s'enflammât. Ce fut *l'arquebuse à mèche,* dont certains peuples d'Orient se servaient encore de nos jours, et dont l'emploi décida, paraît-il, du succès de la bataille de Pavie, gagnée en 1525 par les Espagnols sur François Ier (fig. 68).

Bien que l'arquebuse à mèche, diminuée de poids et appelée alors *mousquet,* soit restée l'arme ordinaire de l'infanterie jusqu'au temps de Louis XIII, on ne laissait pas de trouver encore de graves défauts à l'emploi du serpentin. Le serpentin exigeait que le soldat eût constamment sur lui une mèche allumée ou le moyen de se procurer du feu. Il devait en outre, presque pour chaque coup à tirer, régler la mèche de façon que le bout que pinçait le serpentin tombât bien juste dans le bassinet; puis il fallait encore ouvrir le bassinet : opérations pour ainsi dire impossibles à pratiquer par les cavaliers, qui étaient en même temps obligés de diriger leur monture.

Vers 1517, les Allemands inventèrent la platine dite *à rouet* (fig. 69).

C'est aux Espagnols que revient le mérite du perfectionnement

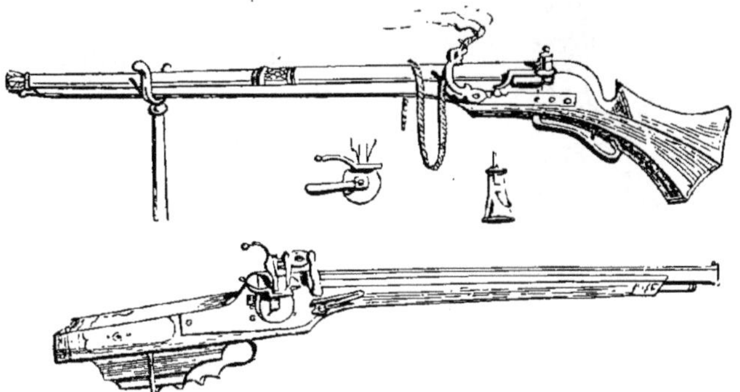

Fig. 68 et 69. — Arquebuse à mèche et arquebuse à rouet. xvi⁰ siècle.

qui suivit, et dont le type devait en quelque sorte se perpétuer jusqu'à nos fusils dits *à percussion,* que viennent de remplacer à leur tour les fusils à aiguille. La platine espagnole, appelée souvent *platine de miquelet,* présentait au dehors un ressort, qui pressait, à l'extrémité de sa branche mobile, sur un bras du chien; l'autre bras de cette pièce, lorsqu'on mettait le chien au bandé, appuyait contre une broche sortant de l'intérieur et traversant le corps de platine. On retirait cette broche, et le ressort poussait le chien, qui n'était plus retenu; la pierre (car il y avait dès lors une pierre à fusil ou silex taillé) frappait sur un plan d'acier

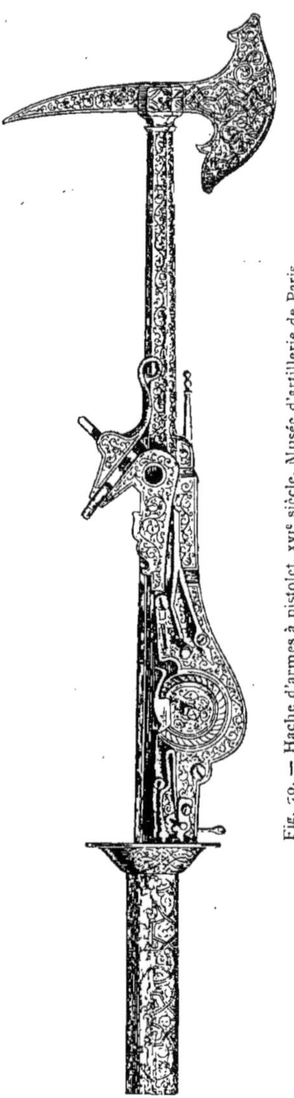

Fig. 70. — Hache d'armes à pistolet. XVIᵉ siècle. Musée d'artillerie de Paris.

cannelé faisant corps avec le couvercle du bassinet : le choc de la pierre sur les cannelures produisait le feu.

Parmi les armes employées pendant le seizième siècle, il y en eut une appelée *pétrinal* ou *poitrinal*, en raison de la crosse recourbée qui s'appuyait contre la poitrine. Cette courte et lourde arquebuse, qui ne pouvait lancer qu'à une faible distance des balles d'ailleurs très grosses, se portait habituellement suspendue à l'épaule par une courroie ou un large baudrier. On s'en servit pour armer les troupes légères, qui prirent le nom de *carabins,* d'où l'arme s'appela ensuite *carabine,* désignation qui depuis a reçu un tout autre sens.

Ensuite vinrent les *pistoles* et *pistolets,* ainsi nommés parce qu'ils furent, dit-on, inventés à Pistoie; mais on peut croire aussi, avec d'autres étymologistes, qu'ils durent leur nom à ce fait, que leur calibre était analogue au diamètre de la pistole, monnaie du temps. Les premiers pistolets

étaient à rouet, et le canon ne mesurait pas plus d'un pied de longueur. Ils varièrent depuis de forme et d'usage : on en fabriqua
qui pouvaient tirer plusieurs coups de suite, et on essaya même
d'ajouter une batterie de pistolet, soit à un poignard, soit à une
hache d'armes (fig. 70), etc. Les reîtres en avaient plusieurs. « Ils
ne se sont pas contentés, » lit-on dans un passage de *l'Apologie
d'Hérodote* par Henri Estienne, « de porter jusqu'à six et huit pistolets à l'entour des selles de leurs chevaux, mais ils en ont farci
leurs manches et leurs chausses. »

N'oublions pas de signaler, dans les armes de luxe, l'ajustement
simultané du serpentin et du rouet, un des deux mécanismes
se trouvant ainsi toujours prêt à suppléer à l'insuffisance de
l'autre.

La platine à miquelet, perfectionnée par les expériences françaises, produisit le mécanisme appelé *fusil*. Il y eut alors les pistolets et arquebuses *à fusil*, comme il y avait eu les pistolets et
arquebuses à rouet. Plus tard, le terme accessoire devint terme
absolu, et l'on commença à désigner l'arme entière du nom de
*fusil*.

# CHAPITRE VII.



Le dix-septième siècle amena une transformation complète dans l'art militaire, dans les armées de terre et dans la marine; mais cette transformation ne s'opéra pas d'une manière brusque et régulière, d'après un système général résultant d'une étude approfondie des lois et des conditions de la guerre en France et en Europe. Les changements lents ou rapides, transitoires ou définitifs, qui eurent lieu dans l'organisation des troupes, dans leur armement, dans leur emploi, dans leur service, étaient presque toujours motivés et imposés par les événements et par les circonstances, par les mœurs et par les usages, par les variations successives de la vie politique du peuple français.

Aussi, à partir du règne d'Henri IV, il ne restait plus guère trace, si ce n'est en souvenir, de tout ce qui avait fait et caractérisé les guerres de conquête en Italie, les guerres de jalousie et de rivalité étrangère, les guerres civiles de religion. C'est Henri IV qui établit et constitua le régime des armées modernes, régime qui ne subira point jusqu'à la Révolution de changement essentiel; c'est Louis XIV, secondé par Louvois et Colbert, qui, en développant les forces militaires et maritimes de la France, la mit en état de faire face aux armées et aux flottes coalisées de ses ennemis; ce sont eux, ce grand roi et ces deux grands ministres, qui élevèrent au plus haut degré de puissance et d'éclat notre armée et notre marine.

Dans les premiers temps de la Ligue, après la mort d'Henri III, son successeur n'avait pas plus de 15 à 20,000 hommes à opposer à l'armée ligueuse du duc de Mayenne et des princes catholiques, aux milices bourgeoises de Paris et de quelques villes de la Sainte-Union, et aux vieilles bandes espagnoles du duc de Parme. Mais les troupes d'Henri IV, composées de Suisses et de lansquenets, de recrues protestantes et des vieux régiments royaux, étaient aguerries et intrépides, bien disciplinées et conduites par de vaillants capitaines; le Béarnais, d'ailleurs, un des premiers hommes de guerre de son temps, leur avait communiqué l'ardeur et la confiance qui l'animaient.

« A la bataille d'Yvry, en 1590, » dit Palma Cayet, dans sa *Chronologie novennaire,* « l'armée de l'Union estoit chargée de cliquant d'or et d'argent sur les casaques, mais celle du roy n'estoit chargée que de fer et ne pouvoit-on rien voir de plus formidable que 2,000 gentilshommes armez à crud depuis la teste jusqu'aux pieds. Sa Majesté même, comme dit le poète du Bartas, au cantique et à la description qu'il a faicte de la bataille d'Ivry :

> «  . . . . . . . . Bravache, il ne se pare
> D'un cliquant enrichy de mainte perle rare ;
> Il s'arme tout à crud, et le fer seulement
> De sa forte valeur est son riche ornement.  »

Le moment n'était pas loin, cependant, où les armes défensives, trop pesantes et trop gênantes dans l'action, allaient être tout à fait abandonnées, malgré l'exemple du Béarnais et de ses gentils-hommes huguenots.

Dans la journée d'Arques, qui précéda la bataille d'Ivry, on avait vu arriver, raconte le duc d'Angoulême dans ses *Mémoires*, « un secours d'Écossois, conduit par le sieur d'Ovins, fort vaillant homme et ancien serviteur du roy, composé de 1,200 hommes de pied et de 60 chevaux, qui nous apprestèrent à rire, à les voir armés et vestus comme les figures de l'antiquité représentées dans les vieilles tapisseries, avec jacques de maille, et casques de fer couverts de drap noir, comme bonnets de prestres, et se servant de musettes et de hautbois lorsqu'ils vont au combat. »

Les gens de pied furent les premiers à se débarrasser du poids incommode des casques et des armures de fer ; on les accusa malignement d'y avoir renoncé pour n'être pas arrêtés dans leur course, lorsqu'ils viendraient à se débander et à s'enfuir. On lit dans un manuscrit de cette époque : « Il n'est demeuré, parmy les hommes de pied, que les soldats plus desbauchez et vicieux, lesquels ont desdaigné de porter le corcelet et la pique, pour s'en trouver empeschez à courir en ville de çà et de là, et n'ont voulu porter qu'une arquebuse, sans morion (armure de tête plus légère que le casque). »

La cavalerie conserva longtemps les armes défensives, en dépit de leur lourdeur insupportable. Tallemant des Réaux rapporte qu'au siège de Saint-Jean d'Angely, en 1621, Cadenet, qui venait d'être créé duc de Chaulnes, se trouvant forcé d'aller au feu, « s'arma d'armes si pesantes, qu'on disoit qu'il lui avoit fallu donner des potences pour marcher ».

Louis XIII n'en prescrivit pas moins, sous peine de dégradation, à tous les cavaliers et à tous les gentilshommes, de n'aller à la guerre que munis d'armes défensives. Le secrétaire d'État des

Noyers écrivait, en 1639, au maréchal de Châtillon : « Le roy désire que Messieurs les intendans distribuent à la cavalerie françoise les armes qui sont à Montreuil, obligeant les cavaleriers à les porter, à peine d'estre dégradés de noblesse. C'est à vous, Monsieur,

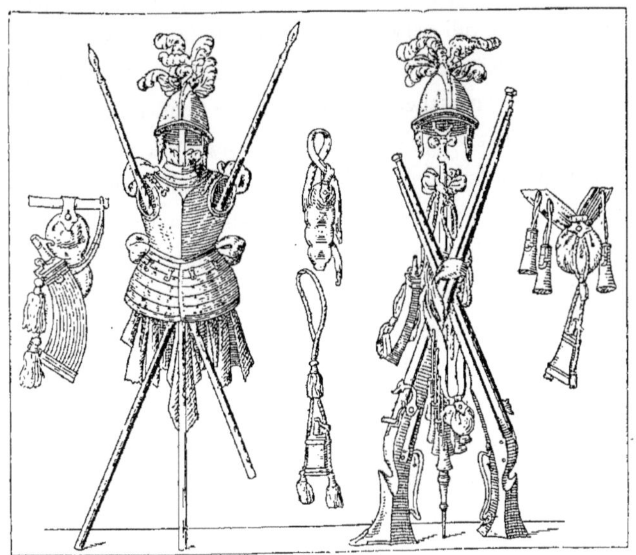

Fig. 71. — Panoplie de l'armement du piquier, de l'arquebusier et du mousquetaire. — D'après l'ouvrage de J. de Gheyn : *Maniement d'armes d'arquebuses, mousquets et piques, représenté par figures,* in-fol. (1608).

N. B. La panoplie de droite réunit l'arquebuse et le mousquet, avec la fourchette et la poire à poudre. — Les petites pièces, empruntées aux détails du fourniment, sont, de gauche à droite : 1° La poire à poudre suspendue à une agrafe du ceinturon ; 2° Cette agrafe seule, et, au-dessous, le pulvérin contenant la poudre fine pour amorcer ; 3° L'extrémité de la bandoulière et, pendantes sur la poitrine, les charges de poudre prêtes dans de petits sacs de peau ou de papier.

et à M. le maréchal de la Force, à leur faire connoistre combien il importe à l'Estat et à leur propre conservation, de n'aller tous les jours combattre en pourpoint des ennemis armés depuis les pieds jusqu'à la teste. »

Louis XIV avait à cœur également de veiller à la conservation des officiers de la gendarmerie et de la cavalerie légère, quand il leur enjoignait, par une ordonnance du 5 mars 1675, de porter des cuirasses, surtout lorsqu'ils se rendaient à la tranchée.

Vers ce temps-là, Louis-Hector de Villars, qui n'avait pas plus de vingt ans, et qui servait comme volontaire, sous les yeux du roi, dans l'armée de Turenne, raconte, dans ses *Mémoires,* qu'il fut désigné pour marcher à l'attaque d'une demi-lune, au siège de Maëstricht, mais, « qu'on luy avoit donné une cuirasse dont la pesanteur ne lui laissant pas la liberté d'agir, il la jeta en sortant, et entra un des premiers dans la demi-lune. » Les officiers seuls devaient porter la cuirasse, car leurs soldats ne l'avaient pas. Aussi, en 1677, Villars refusa, en dépit des ordonnances, de s'armer d'une cuirasse, au commencement d'une action qui semblait devoir être chaude : « il dit tout haut en présence des officiers et des cavaliers, qu'il ne tenoit pas sa vie plus précieuse que celle de ces braves gens, à la tête desquels il combattoit. »

La cuirasse, il est vrai, n'était plus d'un grand secours contre les armes à feu, mais elle opposait une résistance presque certaine aux coups de lance comme aux coups d'épée. La cavalerie française, dès le temps d'Henri IV, ne se servait plus de lances, quoique les Espagnols en fissent encore usage. « Les Espagnols seuls, » écrivait le duc de Rohan dans son traité de la guerre (*le Parfait Capitaine,* 1638), « ont encore retenu quelques compagnies de lances, qu'ils conservent plutost par gravité que par raison, car la lance ne fait effet que par la roideur de la course du cheval, et encore il n'y a qu'un rang qui puisse s'en servir, tellement que leur ordre doit estre de combattre en haie. »

Les armes à feu furent en usage dans l'infanterie dès le commencement du seizième siècle, et la première manufacture avait été établie dès lors (en 1516) à Saint-Étienne ; mais elles avaient toujours présenté de graves inconvénients, malgré les perfection-

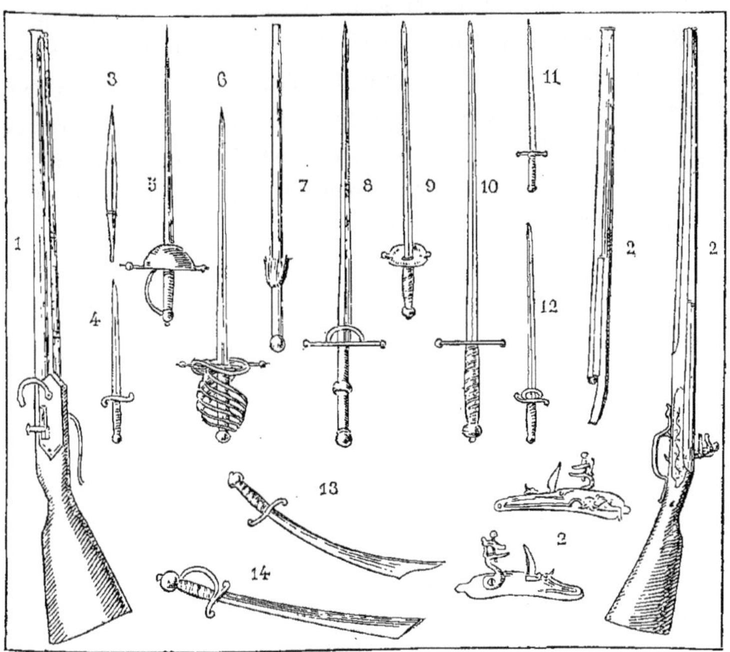

Fig. 72. — Mousquet, fusil, épées et armes diverses. — Figures tirées des *Travaux de Mars,
ou l'Art de la guerre*, par Manesson-Mallet, 1684.

N. B. — Le n° 1 représente le mousquet, et le n° 2 le fusil, avec son canon démonté et sa platine.

nements que l'Allemagne et l'Italie s'efforçaient d'apporter à leur fabrication. Les arquebuses à crochet et les *haquebuttes* avec leur fourchette plantée en terre pour les soutenir et les immobiliser, ne fournissaient qu'un tir incertain, capricieux et irrégulier : il ne fallait que la pluie ou l'humidité, pour empêcher la mèche de

s'enflammer, quand les arquebusiers avaient couché en joue et
appuyé le menton sur la crosse de l'arme, qui avait un recul formidable et de violents soubresauts au moment de la décharge.
Aussi, comme le dit Brantôme : « Il y en avoit plusieurs bien
mouchés et balafrés, et par le nez et par les joues, » quoiqu'un
gentilhomme avisé eût imaginé d'appuyer la crosse contre l'es-
tomac, non plus contre l'épaule. Ce n'était pas sans peine et sans
danger qu'on chargeait l'arquebuse, qui nonobstant la force de
son calibre, éclatait souvent dans les mains d'un imprudent ou d'un
maladroit; en tous cas, on ne pouvait charger et tirer plus d'un
coup en huit ou dix minutes.

Cependant, après bien des essais, les armes à feu devinrent
meilleures, moins longues de canon et moins lourdes, plus faciles
à manier, et d'un mécanisme plus ingénieux. A l'arquebuse succédait
le mousquet (fig. 72), qui avait paru en France dès la fin du règne
d'Henri II. « Le plus de mousquets qu'il peut y avoir aux régiments, c'est le meilleur, » dit Guillaume de Saulx-Tavannes dans
ses *Mémoires,* écrits en 1635; « peu de cuyrasses, au premier
coup, y resistent; appuyez, ils tirent juste. Quelques arquebuziers
à rouet sont nécessaires pour tirer derrière les premiers rangs et
pour en temps de pluye; les montures des arquebuzes des Espagnols et des Italiens sont plus utiles que les courtes inventées par
les François, qui sont fautives. »

Le mousquet, dans l'origine, avait eu quatorze pieds et demi
de long, et sa balle pesait une once et deux gros; on ne tarda
pas à remplacer les mèches soufrées, qui s'éteignaient ou ne s'al-
lumaient pas par un temps humide, en adaptant à la culasse
du mousquet une roue d'acier, que la détente du ressort faisait
mouvoir rapidement et qui, dans son mouvement de rotation,
frappait sur une pierre à fusil qui faisait jaillir l'étincelle et met-

tait le feu à la poudre. Cette invention fut bien perfectionnée vers 1630, lorsqu'on fit choquer la pierre contre l'acier même, pour produire l'effet du briquet (fig. 73 et 75); néanmoins, cette modification importante, dans le tir du mousquet transformé en fusil, ne fut adoptée, pour les armes de guerre, qu'en 1670; jusque-là, on s'était servi, à la guerre, des arquebuses à rouet.

Fig. 73. — Mousquetaires sous Louis XIII; l'exercice du mousquet.

N. B. Les deux commandements figurés ci-dessus sont, de gauche à droite : N° 1. *Portez bien vos armes.*
N° 2. *Joignez la fourchette au mousquet.*

A la fin du dix-septième siècle, tous les soldats d'infanterie n'étaient pas encore armés de fusils; d'abord ils furent proscrits, sous peine de mort; puis, on se contenta de les briser lorsqu'on en trouvait aux mains de la troupe. Lorsqu'on adopta cette arme, ce fut pour l'essayer ou par faveur qu'on la donna seulement aux fusiliers du roi, aux grenadiers, aux mousquetaires et aux dragons. Une ordonnance du 12 décembre 1692 réglait le nombre de ceux qui en auraient dans chaque compagnie. Quand Vauban eut inventé le moyen d'y adapter la baïonnette, on distribua des fusils à l'infanterie ; mais ce ne fut pas avant 1708 que tous les régiments en furent pourvus.

Outre les mousquets, on se servait encore de carabines rayées, à balle forcée, longues de trois pieds et portant fort loin. Le poitrinal figurait encore au siège de Rouen, en 1592, et le fantassin qui le portait s'appelait *poitrinalier*. Les pistoles, en changeant de dimension et en devenant de plus en plus portatives, avaient formé les pistolets, qui étaient déjà d'un usage général dans les guerres d'Henri IV, et qui furent attribués surtout à l'armement de la cavalerie : « Le pistolet, » dit Saulx-Tavannes, « perce, tue, porte la mort et la crainte avec soy : les plus faibles hommes, pourveu qu'il ayent du courage, s'en peuvent servir, mesme sur de meschans chevaux. »

Les compagnies qui ne portaient aucune espèce d'armes à feu étaient alors très nombreuses dans l'infanterie des armées françaises ; les hommes qui les composaient n'avaient pas d'autres armes que des piques (fig. 74), qu'ils maniaient avec autant de force que d'adresse. Le fameux Montluc disait à ses piquiers, au moment de la charge qui décida le gain de la bataille de Cérisoles, en 1544 : « Mes compagnons, si nous prenons la pique au bout de derrière, et combattons du long de la pique, nous sommes défaits, car l'Allemand est plus dextre que nous en ceste manière. Mais il faut prendre les piques à demy, comme fait le Suysse, et baisser la teste pour enferrer et pousser en avant. »

Tous les capitaines, il est vrai, n'avaient pas la même confiance dans les bons résultats de l'emploi des piques ; ainsi, selon le témoignage d'Agrippa d'Aubigné, Henri IV les avait en dédain.

Guillaume de Saulx-Tavannes était bien loin de partager cette
antipathie : « Les piques, » dit-il, « sont les meilleures armes
des gens de pied, lesquelles ne doivent estre empeschantes, ny
rompantes, non si grosses àux François et Espagnols qu'aux
Suisses et lansquenets : entre lesquelles celles des premiers rangs

Fig. 74. — Piquiers, sous Henri IV ; le maniement de la pique. — D'après l'ouvrage
de J. de Gheyn.

N. B. La planche ci-dessus représente les commandements suivants  N° 1. *Prenez la pique à la pointe.*
N° 2. *Présentez la pique en palmiant.* N° 3. *Posez la pique contre le pied droit et tirez l'épée.*

doivent estre les plus renforcées, celles des troisième et quatrième
les plus légères, parce que les unes contiennent et les autres
frappent. Les hallebardes, pertuisanes et demy-piques, de six en
six rangs de piquiers, sont utiles à la meslée, d'autant que les
piques se tournent si facilement. »

L'usage des piques persista constamment dans les armées jusqu'à la fin du dix-septième siècle. Manesson-Mallet écrivait, en
1684, dans son livre célèbre des *Travaux de Mars :* « On remarque qu'excepté dans les combats de campagne, les piquiers
sont partout ailleurs fort inutiles. »

Quelque temps après, on suppléa à l'usage des piques par celui
des baïonnettes qu'on pouvait mettre au bout des fusils. Ces baïonnettes, qu'on employa d'abord en guise d'épées, étaient longues
d'un pied, avec des manches de bois de même longueur; le fusil,
dont le canon était ainsi bouché, ne pouvait plus tirer, et il fallait
en ôter la baïonnette pour s'en servir comme arme à feu. Vauban évita cet inconvénient en imaginant d'emmancher solidement
les baïonnettes au moyen de douilles creuses. Louvois, qui comprenait quelle arme terrible ce serait, ainsi perfectionnée, voulut
la faire adopter. « Louis XIV s'y opposa, » dit M. Dussieux, « soutenu par beaucoup de généraux. La routine tint bon vingt et un ans,
et ne céda qu'après les grandes défaites de la guerre de la succession d'Espagne. Le tir du mousquet était notoirement inférieur,
d'autant que les soldats n'y étaient nullement exercés, les officiers
ne daignant pas s'occuper de ces détails. Après de nombreuses
luttes, la supériorité évidente, incontestable, du fusil sur le mousquet et la pique étant reconnue, le fusil finit par l'emporter. On
sait quel usage nos fantassins firent de la baïonnette, dès qu'ils
l'eurent au bout de leurs fusils, à Steinkerque, à la Marsaille, à
Almanza, à Denain. » C'est de cette époque que date la redoutable manœuvre de la baïonnette dans l'infanterie française.

Les officiers, n'étant armés ni de piques ni de baïonnettes,
avaient, outre leurs épées, des *espontons,* sorte de demi-pique,
qui leur tenait lieu de bâton de commandement, mais dont ils se
servaient quelquefois avec beaucoup de bravoure dans les batailles

corps à corps, ce qu'Henri IV lui-même avait fait d'une manière héroïque à la journée d'Ivry.

Les armées, sous Henri IV, étaient encore peu nombreuses; elles comprenaient rarement plus de 20,000 hommes, sans compter la moitié autant de troupes étrangères, allemandes et suisses.

Fig. 75. — Mousquetaire sous Louis XIV.

*N. B. Les commandements indiqués sont, de gauche à droite : N° 1. Ouvrez la charge avec les dents. N° 2. Tirez la baguette hors du mousquet en trois temps. N° 3. Couchez en joue; tirez.*

On regarda comme un fait exceptionnel la formation d'une armée de 50,000 hommes, que le roi avait fait rassembler, à grands frais, en 1610, avec l'intention d'entreprendre une grande guerre contre l'Autriche. Les troupes qui se formaient de différents côtés dans les provinces, au moyen de l'engagement volontaire et du racolement à prix d'argent, étaient soumises à des exercices annuels dans un camp, qui réunissait les trois armes, infanterie, cavalerie et artillerie; on leur apprenait les manœuvres d'ensemble, la formation en bataille, les ordres de marche, le siège d'une place, etc.

Sous Louis XIII, les armées n'étaient pas plus nombreuses, mais on en mit plusieurs sur pied à la fois, en les créant simultanément aux quatre coins du royaume. Il y avait encore, dans les armées, des corps étrangers (suisses, irlandais, allemands et italiens), en tout 17 régiments sur 139, à la solde du roi. Les campagnes les plus mémorables de Condé et de Turenne exigeaient à peine la présence de 25,000 hommes sous les drapeaux. Les grandes armées, toujours divisées en plusieurs corps d'armée, qui faisaient campagne à distance l'un de l'autre, ne furent mises sur pied que pendant le règne de Louis XIV, lorsque la France avait à soutenir la guerre contre des puissances coalisées. L'illustre Vauban, qui rédigeait en 1700 le recueil de ses *Oisivetés,* déclare positivement que, vers ce temps-là, le roi n'entretenait pas moins de 340,000 hommes, en temps de guerre, et, la paix faite, on réformait immédiatement les deux tiers des compagnies.

Les levées des troupes ne s'étaient pas toujours faites de la même façon, depuis le règne d'Henri IV jusqu'à celui de Louis XIV. Sous Henri IV, on délivrait des commissions à des capitaines recruteurs, qui allaient enrôler des fantassins dans les villes, où ils n'avaient que l'embarras du choix, car la jeunesse était belliqueuse de sa nature, et le peuple, qui eut toujours le goût des armes, ne demandait qu'à prendre du service dans les armées du roi. Les pauvres, les désœuvrés, les fainéants, se laissaient aller à signer un engagement militaire, sous la promesse d'une solde minime qu'ils ne touchaient pas trop exactement, après avoir reçu deux ou trois écus à titre d'avance. Plus tard, sous Louis XIV, le recrutement devint plus difficile, et les conditions n'en étaient

que plus désavantageuses : on n'acceptait que des hommes céli-
bataires ou veufs, âgés de moins de quarante ans. L'engagement

Fig. 76. — Officiers au cabaret. D'après une gravure d'A. Bosse.

était de quatre ou six ans, et renouvelable. Le prestige de l'uniforme, qui ne brillait ni par l'éclat des couleurs ni par la richesse

des ornements avant l'époque de Louis XIV, avait peu d'action
sur la vanité des nouvelles recrues, qu'on entraînait plutôt par
l'assurance d'une nourriture fixe et assez copieuse, quoique simple et frugale. L'espoir du pillage et des licences grossières qu'il
entraînait à sa suite n'était pas un des moindres motifs détermi-
nants de l'embauchage des recrues. On trouve dans les *Mémoires* de Dangeau de singuliers détails à ce sujet. « Il y avait
plusieurs soldats, » dit-il, « qui, dans Paris et sur les chemins

Fig. 77. — Supplices militaires : la roue. — D'après J. Callot.

voisins, prenaient par force des gens qu'ils croyaient être en état
de servir, et les menaient dans des maisons qu'ils avaient pour
cela ; ils les y enfermaient et ensuite les vendaient malgré eux aux
officiers qui faisaient des recrues. » Ces maisons s'appelaient des
*fours,* et il y en avait, dit-on, vingt-huit dans Paris seulement.
Aussi n'est-il pas étonnant que la désertion atteignît des propor-
tions énormes.

S'il s'agissait de la cavalerie, les levées étaient moins promptes
et mieux ordonnées, puisque, généralement, les enrôlés appartenaient à la petite noblesse et à la bourgeoisie ; elles offraient

aussi, pour les jeunes gens qui s'enrôlaient, plus d'avantages pécuniaires et plus de satisfaction d'amour-propre. L'équipement militaire était, chez les cavaliers, un puissant attrait qui les attachait à leur métier.

La solde n'était pas forte, mais les 4 ou 5 sous par jour attribués à l'infanterie représentaient alors quatre ou cinq fois la somme que le soldat reçoit encore aujourd'hui. Fantassins et cavaliers pouvaient aspirer à des grades inférieurs, qui élevaient la solde et

Fig. 78. — Supplices militaires : la fusillade. — D'après J. Callot.

autorisaient certaines prérogatives. A moins d'une action d'éclat, les bas officiers ne parvenaient pas au rang des officiers, qui devaient être nobles, pour obtenir de l'avancement. L'avancement n'appartenait qu'aux gens titrés ou nobles, et la vénalité des charges militaires subsista jusqu'à la Révolution. Du reste, nous en parlerons plus loin.

Les troupes n'étant réunies ordinairement que pour faire la guerre, on leur épargnait autant que possible la fatigue des exercices.

Quant à la discipline, elle a été longtemps arbitraire et variable, suivant le caractère des chefs; elle ne prit une forme réglementaire que sous le règne de Louis XIV : elle fut régulièrement établie, à partir de 1662, et ne cessa plus d'être empreinte d'une extrême sévérité. La peine de mort était fréquemment prononcée, en cas de vol, de rébellion et de meurtre, surtout dans l'armée en campagne (fig. 77 et 78). La désertion à l'ennemi avait pour châtiment la potence, après dégradation (fig. 79); la désertion simple n'était punie d'abord que par le fouet ou les verges, mais

Fig. 79. — Supplices militaires : la pendaison. — D'après J. Callot.

le nombre des déserteurs s'étant multiplié de manière à compromettre l'existence de l'armée, l'ordonnance de 1684 arrêta que le déserteur, après récidive, aurait le nez et les oreilles coupées, les joues et le dos marqués, au fer rouge, de la fleur de lis. Dans certains corps d'élite, comme la gendarmerie et les chevau-légers, les peines infamantes ou ignominieuses n'étaient pas admises; on se contentait de casser les ivrognes, les libertins et les débauchés, après avoir essayé de les corriger par la prison. Les soldats condamnés aux galères ne conservaient pas leur uniforme, et n'y arrivaient que dégradés devant leur régiment. Chez les fantassins, on ne ménageait pas les punitions corporelles, telles que le fouet et l'estrapade (fig. 80); on leur appliquait aussi des châtiments bizarres et même ridicules, tels que le cheval de bois ou chevalet, le morion, l'habit retourné, etc.

On ne peut imaginer à quel point de rigueur fut portée la discipline, du temps de Louis XIV. Un fait curieux, raconté par le maréchal de Puységur, pourra en donner une idée. M. de Marillac, en sortant, à cheval, du logis du roi, heurta une sentinelle, dont

Fig. 80. — Supplices militaires : l'estrapade. — D'après J. Callot.

l'arme atteignit la croupe du cheval; M. de Marillac, qui était alors maréchal de camp, battit la sentinelle; M. de Goas fit mettre en prison cette sentinelle, qui appartenait à son régiment, et voulut forcer M. de Marillac à mettre l'épée à la main. Le roi manda devant lui les deux adversaires, condamna M. de Marillac aux arrêts, et ordonna de faire passer au conseil de guerre la sentinelle qui n'avait pas fait son devoir. En effet, cette sentinelle fut condamnée au supplice de l'estrapade, pour n'avoir pas tué M. de Marillac qui la maltraitait. Le roi accorda la grâce de ce soldat, mais M. de Goas le chassa de son régiment, après l'avoir dégradé.

Le premier code militaire fut publié en 1709, et demeura en vigueur jusqu'à nos jours.

Ce fut seulement sous Louis XIV que l'art militaire fit des progrès réels, en France, au point de vue théorique et pratique, bien qu'il fût parvenu, dès le seizième siècle, à son plus haut point de perfection en Italie, en Espagne et en Allemagne. Les hommes de guerre, les bons capitaines, n'avaient pas manqué du temps de Henri IV et de Louis XIII, mais ils ne se piquaient pas de connaître à fond les principes de l'art militaire; ils se contentaient de gagner des batailles, de soutenir des sièges, de prendre des villes, sans avoir étudié mathématiquement la stratégie, la castramétation, la balistique et l'attaque ou la défense des places fortes. Ils se conduisaient, dans leurs opérations militaires, par inspiration, par expérience, par bon sens naturel plutôt qu'en vertu de connaissances acquises scientifiquement. Ainsi, Henri IV, qui n'avait presque rien appris dans les livres, et qui sentait si bien le défaut de son instruction qu'il ordonna de composer un traité complet de l'art de la guerre, était un des meilleurs généraux d'armée de son temps; néanmoins, il ne parvint pas, malgré toute son habileté, à faire accepter la bataille au duc de Parme, qui ramena son armée, sans combattre, dans les Pays-Bas, et qui, marchant très lentement et à petites journées, sans se laisser jamais entamer, échappa toujours à la poursuite de l'armée royale, à travers la Normandie et la Picardie.

La science des marches était, à cette époque, une des conditions les plus importantes de l'art militaire (fig. 81 et 82). C'était en cela qu'Alexandre Farnèse l'emportait sur Henri IV, qui avait pourtant exécuté des marches très bien conçues, notamment, après la mort d'Henri III, la marche sur Dieppe, dont le résultat fut la victoire d'Arques. Le système d'Henri IV, dans les marches qu'il faisait faire, était de dérober toujours son armée à la vue de l'ennemi et de le devancer, nonobstant les distances, d'un lieu à un autre. Une des marches les plus remarquables qui aient eu lieu dans les guerres de Louis XIV, ce fut le maréchal de Luxembourg qui l'exécuta en 1694, lorsque au sortir du camp de Vignamont, il arriva en quatre jours au pont d'Espierre, après avoir fait quarante lieues et traversé cinq rivières, devançant l'ennemi, qui

Fig. 81 et 82. — Marche des bagages de l'armée, et ordre pour le campement.
D'après Van der Meulen.

n'avait que vingt lieues à faire pour parvenir au même point et prendre position sur l'Escaut.

Chaque général avait des qualités particulières auxquelles chacun rendait justice. Le maréchal de Luxembourg possédait au plus haut degré la tactique des marches; le maréchal de Turenne passait pour le plus habile dans l'art des campements, et les soldats se chargeaient de faire son éloge à cet égard, en disant que lorsqu'ils servaient sous ses ordres, ils dormaient en pleine assurance, au cœur même du pays ennemi. Il s'agissait surtout, pour bien dresser un camp, de bien choisir son terrain et de prendre toutes les précautions nécessaires. L'établissement du camp regardait moins le

général en chef que les ingénieurs, mais la sûreté du campement ne
dépendait que du général, auquel incombait exclusivement le soin
de le garantir d'une attaque ou d'une surprise. Au surplus, les
camps français, comme les anciens camps romains, formaient des
espèces de villes, divisées par quartiers et par rues, et entourées d'un
retranchement en terre avec des fossés et des fascines (fig. 83). Le plus
habile ingénieur qui se soit occupé de castramétation sous Louis XIV
était un nommé Martinet, qui devint colonel du régiment du Roi et
qui se distingua, dans la campagne de 1667, par la manière intelli-
gente dont il avait ordonné le camp de son régiment, de telle sorte
que toute l'armée vint l'admirer, et que le roi voulut appliquer les
mêmes dispositions à tous les campements. Quant à l'assiette, à
la figure et à l'étendue du camp, on se réglait sur les circonstances
et d'après les localités; mais l'objet principal dans la formation
d'un camp, qui pouvait être occupé pendant des mois, c'était d'en
rendre le séjour aussi sain, aussi sûr, aussi commode et même
aussi agréable que celui d'une ville dans laquelle tous les services
se trouvaient installés dans les meilleures conditions.

Les détails multiples de l'administration des armées étaient encore bien négligés sous le règne d'Henri IV : on voit cependant
que le roi, après la guerre de la Ligue, avait pris à cœur, autant
qu'il était possible à cette époque, les questions qui intéressaient
la santé et le bien-être des troupes. Sully le secondait avec beaucoup de zèle, pour diriger et surveiller les commissaires des guerres, chargés d'assurer les subsistances de l'armée en campagne;
mais il fallait, malgré tout, que le soldat vécût sur le paysan,
suivant la vieille expression qui remontait aux ordonnances de
Charles VII, en vertu desquelles les gens de guerre, logeant chez
l'habitant, avaient place *au feu et à la chandelle*. Pendant tout
le seizième siècle il en fut de même, avec plus ou moins de violence

et de cruauté : les troupes ravageaient, ruinaient le pays qu'elles

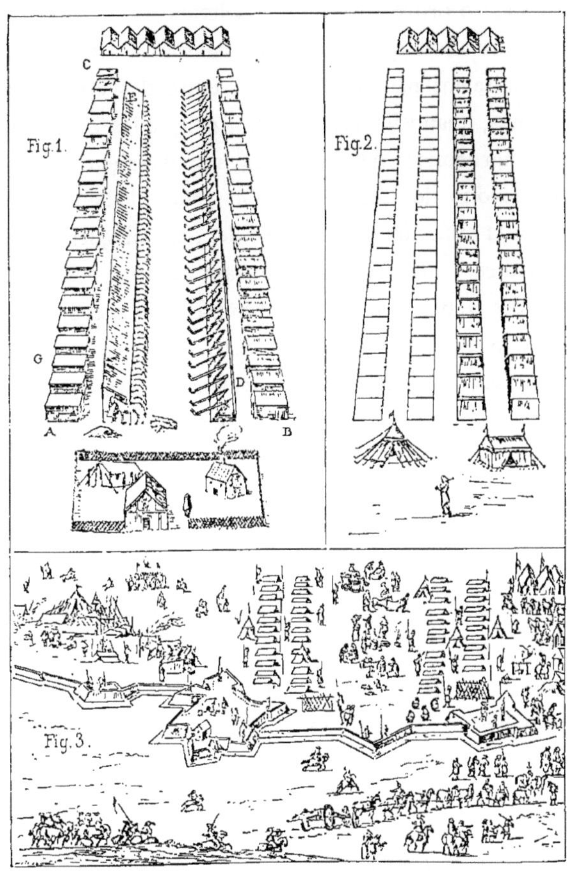

Fig. 83. — Campements fixes. — D'après les *Travaux de Mars*, de Mallet.

N° 1. Logements de la cavalerie. — N° 2. Logements de l'infanterie. — N° 3. Ligne de circonvallation d'un camp retranché, renfermant notamment le parc de l'artillerie ou magasin des poudres, et le parc ou quartier des vivres où sont logés les vivandiers et les marchands.

avaient occupé ou même seulement traversé. Les règlements les plus sévères n'étaient que de bien faibles préservatifs contre les exigences de la soldatesque. Ce ne fut que sous Louis XIV qu'on tenta de mettre ordre à ces abus révoltants.

Il faut dire aussi que les soldats habitués à vivre en pays ennemi ne faisaient pas de différence entre des étrangers et des compatriotes, quand ils avaient faim, et que les conseillers-commissaires particuliers des vivres ne remplissaient pas en temps utile les devoirs de leur charge. On peut, d'ailleurs, se rendre compte de la situation douloureuse des gens de guerre manquant de nourriture et de solde, ne trouvant sur leur passage que des portes et des cœurs fermés, n'ayant ni aide ni secours dans leurs besoins les plus urgents. S'ils tombaient malades en route, s'ils étaient blessés à la guerre, ils se voyaient exposés à mourir abandonnés dans les champs. On sait pourtant que Sully fit établir des ambulances pour l'armée du roi qui assiégeait Amiens en 1597; il lui fit distribuer chaque jour 20,000 pains, avec les autres rations de vivres et de vin, ce qui avait fait surnommer ce temps-là « le siège de velours ».

Toutefois il n'y avait pas de service médical dans les armées. Ce fut Richelieu qui l'organisa : l'ordonnance de 1629 établit que tout régiment devait avoir une infirmerie et des chirurgiens.

Les soldats, qui après la guerre avaient été licenciés, revenaient, en mendiant, dans leurs villages, et, s'ils étaient estropiés et infirmes, ils ne pouvaient plus gagner leur vie par un travail quelconque. On les rencontrait donc demandant l'aumône le long des chemins ou dans les rues des villes; quelques-uns portaient les débris de leur uniforme, et d'autres, qui ne tardaient pas à devenir des voleurs dangereux, mendiaient l'épée au côté. Ils étaient si nombreux à Paris, sous Louis XIII, qu'on les enferma, comme vagabonds, dans l'hôpital de la Pitié.

Ce n'était pas là l'hospice militaire que Henri IV avait fondé en 1606, à Paris, dans les bâtiments de la Charité chrétienne, rue de l'Ourcine, pour y recueillir et héberger les gens de guerre, officiers et soldats, estropiés et sans ressources. Ils figurèrent aux obsèques de leur fondateur; mais, l'année suivante, la fondation fut supprimée, et les invalides durent aller, comme par le passé, rem-

Fig. 84. — Les estropiés militaires. — D'après J. Callot.

plir les places de domestiques ou *oblats* dans les monastères. En 1634, on les logea à Bicêtre dans un hospice créé sous le titre de *Commanderie de saint Louis* (fig. 84). A la mort de Louis XIII, les constructions furent arrêtées, et en 1657 on se contenta de reléguer à l'hôpital général de la Salpêtrière les pauvres invalides, qu'on employa à des travaux manuels pour subvenir aux dépenses de la maison.

Les établissements d'Henri IV et de Louis XIII avaient dis-

paru, lorsque Louis XIV, dont les grandes guerres faisaient tant
d'invalides, eut la pensée d'instituer pour eux un asile digne de
leurs glorieux services. On commença, en 1670, la construction de
l'hôtel royal des Invalides, et en 1674 l'édifice était déjà en état de
recevoir un grand nombre d'officiers et de soldats, qui y trouvèrent une retraite honorable et tous les soins que réclamaient leurs
infirmités. Louis était justement fier d'une pareille institution, et
exhorta, dans son testament, le dauphin et les rois ses successeurs
« à la soutenir et à lui accorder une protection particulière. »

Les guerres, au dix-septième siècle, étaient beaucoup plus
meurtrières qu'on ne serait tenté de le croire, d'après l'infériorité
des armes en usage à cette époque. En jetant les yeux sur les cadres des officiers de tel ou tel régiment, on est stupéfait du nombre
des morts devant l'ennemi. Lorsque M. d'Imécourt était colonel
du régiment d'Auvergne, en 1686, Louvois présenta au roi ce
brave officier accompagné de huit de ses fils, qui servaient sous
ses ordres. Louis XIV fut charmé de voir tant de bons militaires
dans une seule famille : « Ce n'est pas tout, Sire, « dit M. d'Imécourt, « j'avais cinq frères qui ont été tués au service de Votre
Majesté. » Peu d'années après, il avait perdu cinq de ses fils, à la
bataille de Steinkerque, en 1692, où le régiment du Roi, qui
chargea l'ennemi sans tirer un coup de fusil, perdit la moitié de
son effectif et 15 de ses officiers. En 1636, le régiment de Piémont
avait tenu tête, pendant dix-sept heures, à toute l'armée espagnole
qui cherchait à passer la Somme pour aller assiéger Corbie : ce
régiment eut 900 hommes tués ou blessés, y compris 13 capitaines, 14 lieutenants, 16 enseignes et 32 sergents.

# CHAPITRE VIII.



Les armes à feu, arquebuses, mousquets et pistolets, faisaient moins de ravages dans les rangs des bataillons que l'artillerie, dont tous les coups portaient, parce qu'on la tirait à petite distance et qu'elle envoyait à la fois plusieurs livres de balles au lieu d'un seul boulet.

Cependant cette artillerie, qui avait été la première de l'Europe du temps de Louis XI et de Charles VIII, avait bien dégénéré depuis et n'était plus, sous Henri IV, à la hauteur de l'artillerie espagnole, italienne et allemande. C'est que les Suisses et les Allemands avaient été longtemps chargés de la garde, de la conduite et du service de l'artillerie française, qui tomba en bien mauvaises mains, quand les *artilliers* ne formèrent plus un corps spécial et que les Grisons et les lansquenets cessèrent d'être employés exclusivement au service de cette arme, à la fin du seizième siècle. A la bataille d'Ivry, l'on ne tira pas 15 coups de canon. Un écrivain militaire espagnol, Diego Ufano, qui a publié en 1613 un curieux ouvrage sur l'artillerie, dit que l'art de fondre les pièces de canon était alors bien imparfait en France, comme ailleurs : les unes étaient tortues et mal proportionnées ; les autres, de poids inégal, plus pesantes devant que derrière; celles-ci, rugueuses et bossues à l'intérieur; celles-là, trop faibles et pauvres de métal, ce qui explique pourquoi elles éclataient souvent. Selon Ufano, une pièce de canon ne pouvait tirer que 8 coups par heure; de plus, après 40 coups tirés, il fallait la rafraîchir et la laisser reposer pendant une heure entière.

Les calibres existants sous Henri II ne différaient pas beaucoup de ceux que Henri IV faisait fondre à l'Arsenal de Paris. Dans une *Instruction sur le fait de l'artillerie,* dressée par Sully en 1605, il n'est question que de six calibres en usage : canons de 33 livres, grande coulevrine de 16, bâtarde de 7 1/2, moyenne de 2 1/2, faucon de 1 et fauconneau de 3/4 de livre. Sous Louis XIII, on adopta les calibres de 12 et de 24 livres, mais on s'abstint bientôt de se servir des calibres de 33 et de 24, surtout dans les sièges, parce que, comme le dit le cardinal de la Valette dans une lettre écrite en 1636 à l'occasion du siège de Corbie, l'ennemi, ayant des pièces du même calibre, pouvait se servir des boulets qu'on lui envoyait. Il y eut, pendant cinquante à soixante ans, de nombreux essais dans la fonderie des canons, après qu'on eut renoncé à faire des pièces monstrueuses d'une longueur extraordinaire, ou d'un poids énorme, qui défonçaient toutes les routes et restaient quelquefois profondément engagées dans le sol, sans que l'effort de quarante chevaux parvînt à les mouvoir. On abandonna donc les coulevrines de 35 pieds de long et les bombardes de 10 pieds de diamètre. Le matériel de l'artillerie demeura presque stationnaire du temps de Louis XIV, où l'on n'employa plus que quatre calibres pour les canons de siège et de campagne, savoir : 24, 12, 8 et 4, mais les pièces furent fondues, avec plus de soin et d'exactitude, sur des modèles mieux proportionnés et avec un métal mieux préparé. Leur nombre s'accrut aussi, en raison de l'augmentation des corps d'armée, de manière à compter, par 1,000 hommes, une pièce de canon, avec 100 coups à tirer pour chacune (fig. 85 et 86).

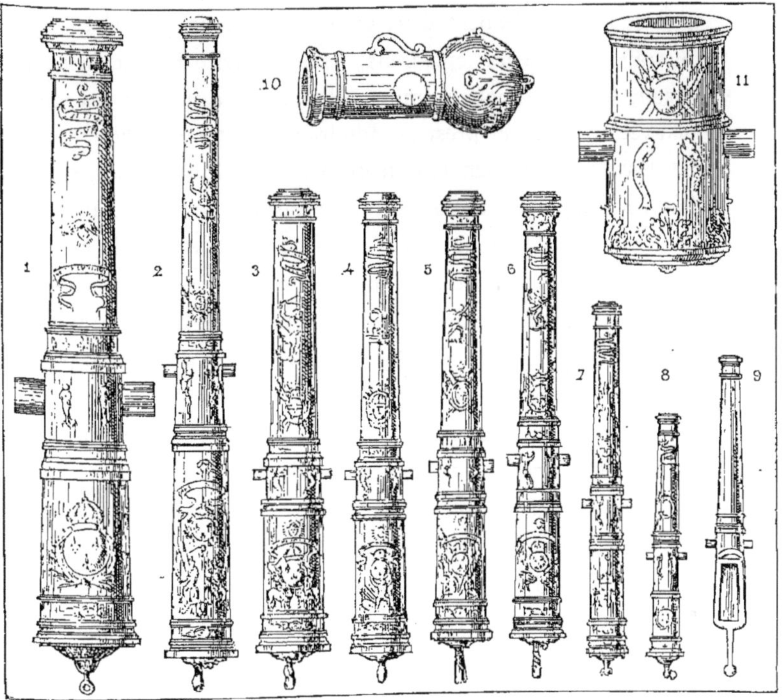

Fig. 85. — Les différentes espèces de canons. — D'après les *Travaux de Mars*.

N° 1. *Canon* de bronze de dix pieds de long, à balles de 45 livres.

N° 2. *Grande coulevrine* extraordinaire longue de quinze pieds, portant 16 livres de boulets.

N° 3. *Demi-canon* ou *coulevrine*, portant 24 livres de balles.

N° 4. *Canon léger* ou *demi-canon* dit la *moyenne*, portant 24 livres de boulets ; ces pièces de 24 étaient les plus usitées pour faire les batteries et attaquer les places.

Les n°° 5, 6, 7, 8 et 9 représentent des pièces légères ou pièces de campagne :

5. *Coulevrine*, portant 16 livres de balles.

6. *Coulevrine bâtarde*, dix pieds de long, avec le boulet de 8 livres.

7. *Bâtarde* légère, de 8 livres.

8. Pièce de régiment, de 4 livres. Le *faucon* portait 10 livres et le *fauconneau* 5 livres de balles.

9. *Pierrier*, portant un boulet de 3 livres.

N° 10. Pièce d'origine portugaise, importée en France n'ayant qu'une longueur d'un pied et demi, tirant 51 livres de fer avec 10 livres de poudre.

N° 11. *Mortier*, servant à élever ou à jeter les bombes.

Les améliorations qui furent apportées au service même de l'artillerie étaient plus importantes que celles du matériel. Ainsi, dès la bataille d'Arques, Henri IV avait fait un essai d'artillerie légère ou volante, proposé par un canonnier normand, nommé Charles Brise : c'étaient deux grandes coulevrines attelées, que couvraient plusieurs escadrons, qui s'ouvrirent tout à coup, lorsque les coulevrines se mirent à courir et à tirer sur les ennemis avec un art et une prestesse admirables. Cette invention, décrite par Davila, serait bien antérieure à la bataille d'Arques, si l'on doit s'en rapporter aux *Mémoires* de Gaspard de Saulx-Tavannes. La France inventait peu en fait d'armes de guerre; elle ne s'appropriait que tardivement les inventions dont les nations voisines faisaient usage bien avant elle; par exemple, les bombes, dont de Thou signale l'emploi au siège d'une ville de la Gueldre, par le comte de Mansfeld, en octobre 1588, ne furent employées par une armée française qu'en 1634, au siège de la Mothe, en Lorraine, où Malthus, ingénieur anglais au service de la France, fit le premier essai de ces terribles projectiles.

L'organisation de l'armée sous Henri IV ne différait pas beaucoup de ce qu'elle était sous Henri II et Charles IX; mais, avant d'en parler, il est nécessaire de remonter un peu plus haut.

Louis XI n'avait apporté aucun changement à l'organisation des compagnies d'ordonnance; il abolit la milice des francs archers, et la remplaça par 6,000 mercenaires suisses et par un corps de 10,000 hommes d'infanterie française, qu'il leva et prit à sa solde. Charles VIII l'imita, et augmenta beaucoup le nombre des étrangers, par exemple des Allemands, nommés *lansquenets* quand ils servaient à pied et *reîtres* s'il étaient à cheval. Les lansquenets avaient pour arme favorite la grande épée à deux mains, et les Suisses la hallebarde de 6 mètres de long. A la fin de son règne,

l'infanterie française se trouvait dans un état déplorable; Louis XII
en réforma la discipline, mit à la tête des différentes *enseignes*
qui la composaient des hommes de qualité et des officiers de
mérite, et lui dut, dans les guerres d'Italie, une partie de ses

Fig. 86. — Canons et pierriers sur leurs affûts. (Même source.)

A A A. *Canon* monté sur son affût, armé et équipé. — Autre *canon* garni comme le précédent, ayant de plus un avant-train fait d'un essieu et d'une paire de roues. — *Couleuvrine* posée sur un chariot léger, utile à l'artillerie dans les pays de terre forte.
B. *Pierriers* de fonte, montés sur pivot. On les chargeait par l'arrière en introduisant dans la volée la balle, les pierres ou les ferrailles, puis une boîte faite de fer ou de bronze remplie de grosse poudre, serrée par derrière avec une cheville de fer. De la main gauche on faisait évoluer le pierrier pour la mire ; on mettait le feu à la boîte avec la main droite.
C C. Chargement et tir d'une pièce d'artillerie se chargeant et déchargeant avec le bras, d'invention portugaise.

succès. Ces nouvelles enseignes prirent, en 1507, le nom de *bandes
de Piémont ;* elles se composaient en grande partie de Gascons,
« vrais instruments envoyés de Dieu pour faire la guerre, » disait
le pape Paul IV.

François I<sup>er</sup> comprit les inconvénients du grand nombre des troupes étrangères; les défections des Suisses et des lansquenets avaient causé une partie de ses revers. Il résolut, en 1534, de créer un corps d'infanterie française, qui pût, sinon les remplacer entièrement, du moins leur imposer assez pour les contenir dans le devoir. Tel fut le motif qui lui fit établir ses *légions*. Il y en eut 7, fournies par les provinces suivantes : 1° Bretagne, 2° Normandie, 3° Picardie, 4° Bourgogne, Champagne et Nivernais; 5° Dauphiné, Provence, Lyonnais et Auvergne; 6° Languedoc; 7° Guyenne. Une légion était sous les ordres d'un *couronnel* ou colonel et de 6 capitaines, commandant chacun 1,000 hommes, tous recrutés parmi les paysans. Les cadres seuls étaient permanents; les hommes, convoqués deux fois par an, venaient dans un camp s'exercer et passer la revue. Ce qui était dans le métier des armes une nouveauté des plus libérales, c'est que tout légionnaire pouvait de degré en degré être promu lieutenant, et, anobli par le fait du grade, obtenir celui de capitaine, uniquement réservé à la noblesse. « J'en ai vu parvenir, » dit Montluc, « qui ont porté la pique, faire des actes si belliqueux et se sont trouvés si capables qu'il y en a eu beaucoup qui étaient fils de pauvres laboureurs. » Le témoignage de Brantôme n'est pas moins explicite. « On a vu faire des traits à des soldats, » dit-il, « soit aux batailles, soit aux escarmouches, soit à reconnaître des places, soit aux assauts, qu'ils faisaient honte aux capitaines. Et ce que j'admire en eux, c'est que vous verrez de jeunes gens sortir des villages, du labour, des boutiques; il n'ont pas plus tôt demeuré quelque temps parmi cette infanterie que vous les voyez aussitôt aguerris, façonnés, que de rien qu'ils étaient viennent à être capitaines et égaux aux gentilshommes, ayant leur honneur en recommandation autant que les plus nobles. »

L'institution de François I<sup>er</sup> eût réussi « si elle avait été bien suivie; » mais elle portait ombrage à la noblesse, qui se plaignit plusieurs fois de ce qu'en mettant les armes aux mains des paysans et en les affranchissant des anciennes charges, il les avait rendus désobéissants et rétifs. Les légions disparurent; après la défaite de Saint-Quentin, Henri II s'efforça de les réorganiser (1558), sans maintenir toutefois aux vilains le droit aux grades supérieurs et à l'anoblissement, exception qui ne fut abolie qu'à la Révolution. L'insuffisance des légions reconstituées fit réunir quelques enseignes ou compagnies des vieilles bandes, mais pour un temps limité, sous *régiment* (commandement) de grands personnages, comme le duc de Guise, en 1560. Ce fut en 1569 que les vieilles bandes furent réparties en *régiments* permanents, forts de 2,500 hommes chacun, et divisés en 5 compagnies, dont une de dépôt.

Les quatre plus anciens régiments furent ceux de Picardie, de Champagne, de Navarre et de Piémont. Henri IV en créa 9 pendant son règne, lesquels portèrent les noms de leurs colonels. Louis XIII en ajouta 11, de 1616 à 1640, entre autres Normandie, Marine, Liégeois et Alsace; et Louis XIV, 94, de 1643 à 1709, sans compter les régiments de cavalerie.

Outre les 6 *vieux régiments*, il y eut d'abord, sous Henri IV, 5 régiments qu'on appela les *petits vieux*, et qui avaient rang après les 6 plus anciens régiments de l'armée et avant les 9 autres créés sous ce règne. Les *petits vieux* n'avaient pas été formés par Henri IV, mais bien par des gentilshommes, qui les levèrent à leurs frais et qui les amenèrent à son service dans la guerre de la Ligue.

Des 11 régiments qui dataient seulement du règne de Louis XIII, les deux principaux étaient celui de Normandie et celui de la Marine.

Le régiment de Normandie avait été créé en 1618, et on y avait fait entrer une quantité d'officiers d'élite, tirés des autres régiments. Le régiment de la Marine fut créé par le cardinal de Richelieu en 1626, quand il eut la charge de chef et de surintendant général de la navigation et du commerce de France. Tout cardinal qu'il était,

Fig. 87. — Grenadier allumant sa grenade.

il conserva jusqu'à sa mort le grade et les fonctions de mestre de camp du régiment de la Marine, et, après lui, le cardinal de Mazarin voulut également avoir ce régiment sous ses ordres, mais ce fut son neveu Mancini qui en devint mestre de camp. Le régiment le plus estimé, du temps d'Henri IV, avait été celui de Champagne, à tel point que plusieurs gentilshommes n'acceptèrent pas de commissions pour lever des troupes, sans avoir la pro-

messe de faire entrer ces nouvelles troupes dans le régiment de
Champagne. Le roi fut donc obligé, pour donner satisfaction à
ces gentilshommes, de porter à 20 compagnies le personnel d'un
corps célèbre entre tous. Lès grenadiers de Champagne avaient

Fig. 88. — Engagement de cavalerie (combat au pistolet). — D'après Van der Meulen.

coutume d'entrer dans la tranchée tambour battant, pour préve-
nir l'ennemi qu'ils étaient là.

Parmi les régiments d'infanterie créés par Louis XIV, il faut
distinguer le régiment du Roi, formé en 1662, et composé de
50 compagnies, dont tous les officiers avaient été tirés des mousquetaires. On vit alors des jeunes gens de qualité entrer comme volontaires dans la compagnie colonelle du régiment, pour y porter le

mousquet. A la revue de ce régiment, dès le temps de sa première campagne, en 1667, le roi créa quatre grenadiers par compagnie, et ce furent les premiers *grenadiers* qui figurèrent dans l'armée (fig. 87). A cette belle revue, qui eut lieu entre Vincennes et Paris, tous les officiers portaient la cuirasse; ils avaient des tentes peintes avec des trophées aux armes du roi; quant aux soldats, leur uniforme consistait en justaucorps brodés d'or et d'argent. Le marquis de Dangeau était alors colonel de ce beau régiment; il eut pour successeur le sieur Martinet, qui s'était fait connaître par la création des camps réguliers et par d'autres innovations militaires.

Les corps de cavalerie légère devinrent de plus en plus nombreux, sous Henri IV, car les guerres civiles du seizième siècle avaient épuisé la race des grands chevaux de bataille, qui pouvaient seuls porter les hommes armés de pied en cap. La gendarmerie, réduite à quelques escadrons, fut conservée pourtant dans la Maison militaire du roi, mais elle renonça dès 1605 à porter la lance, qui avait été si longtemps l'arme caractéristique des gens d'armes; on y substitua le pistolet ou l'arquebuse courte. Ces gendarmes n'avaient de commun que le nom avec ceux d'autrefois. Il devaient marcher à l'ennemi au pas jusqu'à une centaine de mètres; à trente, ils prenaient le trot, puis chargeaient sur dix rangs de vingt hommes de front, clairons sonnant et pistolet en main. Leur point d'honneur était de ne jamais fuir, quoi qu'il arrivât. Les chevau-légers étaient pareillement armés : ils formaient des compagnies de 100 cavaliers d'élite, que l'on appelait *maîtres* (fig. 88 à 90).

La cavalerie légère (et sous ce nom l'on désignait alors des cavaliers couverts du casque et de la cuirasse) se divisait en compagnies, qui formaient des escadrons, dont on fit 24 régiments en 1635; mais on revint un moment aux escadrons, parce que les

capitaines des compagnies ne voulaient pas obéir aux mestres de
camp, qui avaient pris le commandement des régiments. En
1636, il y eut, à ce sujet dans le camp de Drouy, en Picardie,
une querelle épouvantable entre un capitaine et M. de Canillac,

Fig. 89. — Engagement de cavalerie (combat à l'arme blanche). D'après Van der Meulen.

qui commandait le régiment : ils mirent l'épée à la main l'un
contre l'autre, à la tête des troupes, et le comte de Soissons, qui
était général en chef de l'armée, eut bien de la peine à les empêcher d'en venir à une lutte sanglante. Tout s'apaisa cependant,
après quelques contestations entre les capitaines d'ordonnance et
les mestres de camp, et toute la cavalerie fut réorganisée en régiments : 45 français et 25 étrangers (allemands, liégeois, hon-

grois et croates). Lors de la paix des Pyrénées, elle en comptait 170.

Ce fut lors de cette organisation qu'on remit sur pied le corps des dragons, qui avait été supprimé à la suite du siège de la Rochelle. Les dragons, qu'on surnommait *l'infanterie à cheval,* parce qu'ils allaient à cheval et combattaient à pied, existaient dans l'armée française depuis 1558. Le maréchal Charles de Cossé-Brissac les avait organisés pendant la guerre de Piémont. Leur manière de combattre alternativement avec le pistolet, la hache, la baïonnette et le mousquet, avait d'abord inspiré tant de terreur, que leur nom était, dit-on, un souvenir de ces premiers temps où l'on disait d'eux que ce n'étaient pas des hommes, mais des dragons indomptables, comme ceux de la mythologie. En 1660 il n'y avait encore que 2 régiments de dragons; il y en eut 43 en 1690.

De l'année 1693 date la création du régiment royal des carabiniers, un des plus beaux qui fussent alors sous les drapeaux. Les carabiniers n'avaient aucune attache traditionnelle avec les *carabins,* qui avaient remplacé les estradiots et les argoulets sous le règne d'Henri IV, et qui servaient d'éclaireurs et d'escarmoucheurs. Avant l'institution de ce corps de cavalerie, on avait mis deux carabiniers ou bons tireurs dans chaque escadron des différentes armes, et ces deux soldats d'élite galopaient en avant de l'escadron en déchargeant de loin sur l'ennemi leurs carabines rayées.

Le régiment des hussards fut créé en même temps que celui des carabiniers, à l'imitation des houzards qui avaient joué un grand rôle dans la guerre de Trente ans. La singularité de leur costume et de leur équipement hongrois les fit conserver, bien qu'ils fussent, à cette époque, de médiocres soldats, peu capables de tenir pied dans le moindre engagement. Ils ne servaient que pour

les reconnaissances, à l'avant-garde ou à l'arrière-garde d'un corps
d'armée. En 1748, les hussards composaient 7 régiments, forts de
4,500 hommes.

Au dix-septième siècle, comme de tout temps, le soldat français était brave et intrépide, mais il valait plus ou moins, selon la

Fig. 90. — Cavalerie en campagne. — D'après Van der Meulen.

manière dont il était commandé. « Pour l'obéissance, » disait
Guillaume de Saulx-Tavannes, « le commun des soldats nouveaux
sont meilleurs que les vieux en France. Les capitaines expérimentés peuvent en peu de temps dresser les soldats, principalement lorsqu'ils sont payés, leur imposant par la force les lois de
l'aguerriment. Cette grande invention d'exercice, pratiquée en Flan-

dre, avec leurs demi-tours à droite et à gauche, les anciens qui n'en usaient pas ne laissaient de combattre aussi bien ou mieux que maintenant; le tout gît à l'expérience et au respect que les soldats ont aux bons capitaines. » Henri IV n'eut jamais plus de 25,000 hommes sous ses ordres, mais les princes et les seigneurs de son parti guerroyaient, de plusieurs côtés différents, avec des forces spéciales, qui, en se réunissant, auraient composé une armée très considérable. A la fin du règne de Louis XIII, il y eut, opérant à la fois, trois grandes armées. « Les préparatifs de l'année 1640, » dit Richelieu dans sa *Succincte Narration* adressée au roi, « étonneront sans doute la postérité, puisque, quand je les mets devant vos yeux, ils font le même effet en moi, bien que sous votre autorité j'en aie été le principal auteur; ainsi vous eûtes, dès le commencement de l'année, 100 régiments d'infanterie en campagne et plus de 300 cornettes de cavalerie. » C'était là certainement un ensemble de plus de 150,000 hommes.

Louis XIV fut obligé d'étendre encore davantage les cadres de son armée, lorsqu'il eut à se défendre contre la ligue d'Augsbourg, en 1687; il put ainsi opposer 375,000 hommes à l'Europe coalisée contre la France. On se demande comment l'enrôlement volontaire pouvait rassembler sous les drapeaux une pareille masse d'hommes, sans autre amorce que le prix de l'engagement, qui était de 30 livres payables par tiers, le premier tiers au moment même de la signature de l'engagement, le second à l'arrivée de l'engagé au dépôt des recrues, et le troisième à son entrée dans le régiment auquel il était destiné. Les recrutements se faisaient au compte des colonels de chaque régiment, et les colonels y trouvaient de grands avantages, puisque Vauban dit, dans le recueil de ses *Oisivetés,* que le roi gagnerait 12 millions à se charger des recrues.

Il y avait donc, à la fin du règne de Louis XIV, 119 régiments de cavalerie et 274 régiments d'infanterie ; mais tous ces régiments, sur le pied de paix, ne représentaient pas plus de 120 à 130,000 hommes. Tous les officiers, à l'exception d'un petit nombre d'officiers de fortune, étaient nobles, c'est-à-dire de petite noblesse ou de bonne bourgeoisie. On distinguait, dans l'infanterie, les *régiments des princes*, c'est-à-dire ceux qui portaient le nom d'un membre de la famille royale ou d'un prince du sang ; les *régi-*

Fig. 91. — Cavaliers et tambours à cheval. — D'après la Belle (Della Bella).

*ments royaux*, dont le nom indiquait qu'ils se trouvaient placés sous les auspices du roi ; les *régiments de gentilshommes*, c'est-à-dire ceux qui portaient le nom de leurs colonels, et enfin les *régiments provinciaux*, qui portaient les noms des provinces du royaume ; c'était dans ces derniers régiments qu'on incorporait les levées de milices, qui se faisaient dans les généralités, par tirage au sort, et que les villages étaient obligés de fournir en hommes tout équipés et tout armés. Paris, les grandes villes et la bourgeoisie étaient exempts de ce service, qui pesait exclusivement sur les paysans. Les milices tenaient lieu du ban et de l'arrière-ban, qu'on ne convoquait plus depuis Louis XIII.

Toute l'armée était alors administrée par 140 commissaires des guerres et par autant de contrôleurs inspecteurs.

Le commandement des troupes n'avait aucune corrélation avec leur surveillance et leur direction administratives. On avait, dans l'origine, rattaché ce commandement supérieur à plusieurs grandes charges qui se contrariaient l'une l'autre, et qui entretenaient ainsi une lutte permanente de prédominance et d'autorité.

Le connétable, placé jadis en tête de la hiérarchie militaire, n'avait plus guère qu'un vain titre. La charge était même devenue intermittente : Henri IV en pourvut Henri de Montmorency (1593) pour le gagner à sa cause ; mais il ne lui donna point de commandement. Après trois ans de vacance, un caprice de Louis XIII nomma son favori de Luynes connétable (1617). Pour dédommager Lesdiguières, on le qualifia de *maréchal général* (1621), titre qu'il porta jusqu'à l'année suivante, où il succéda à de Luynes. Lesdiguières, qui mourut en 1626, fut le dernier connétable ; mais Louis XIV rétablit, en 1660, la dignité de maréchal général, en l'honneur de Turenne.

On avait eu, depuis le règne de Charles IX, la charge de colonel général de France ; elle fut en quelque sorte subdivisée par Louis XIII, qui fit autant de colonels généraux de l'infanterie française qu'il y avait de corps d'armée en campagne. Il y eut, en même temps, un colonel général des Suisses et Grisons, un colonel général des Corses, et même un colonel général des troupes écossaises au service de France. Tous ces officiers généraux exigeaient qu'on leur rendît des honneurs extraordinaires. Un jour, le vieux duc d'Épernon, qui, en sa qualité de colonel général de l'infanterie, se regardait comme le premier dignitaire des armées du roi, entrant au Louvre dans le carrosse de Monsieur, Gaston d'Orléans, mit la tête à la portière et ordonna au tambour de battre aux champs pour annoncer sa présence. Ces grandes charges militaires tendaient toujours à disparaître, ou du moins à se trouver restreintes et modifiées par la création de charges infé-rieures ou subsidiaires. C'est ainsi que Henri IV avait nommé

Fig. 92. — Défaite de l'armée espagnole, près le canal de Bruges, sous la conduite de Marsin, par les troupes du roi Louis XIV, le 31 août 1667. — D'après le tableau de le Brun, gravé par Séb. le Clerc (1680).

N. B. On voit, dans ce tableau, l'usage du bâton de commandement.

Crillon lieutenant général de l'infanterie française, pour diminuer l'autorité despotique et illimitée que s'arrogeait d'Épernon, en sa qualité de colonel général de l'infanterie. Louis XIV supprima cette charge en 1661, à la mort du duc ; en revanche, il créa en 1668 celle de colonel général des dragons en faveur du duc de Lauzun.

Après la suppression de la dignité de connétable, celle de maréchal devint la plus haute de l'armée. Sous Philippe-Auguste, à qui l'institution est attribuée, il n'y avait qu'un maréchal, chargé de conduire l'avant-garde. Depuis Louis IX, il y en eut deux, subordonnés au connétable. François Ier en ajouta un troisième, et Henri II un quatrième. On en compta douze sous leurs successeurs, et jusqu'à vingt à la fin du règne de Louis XIV. Ils commandaient en chef un ou plusieurs corps d'armée. Leurs

Fig. 93. — Maréchal de France (duc de Gontaut-Biron, 1757).

armoiries portaient deux bâtons d'azur semés de fleurs de lis d'or, passés en sautoir derrière leur écu (fig. 93).

Les lieutenants généraux eurent moins de suprématie et de pouvoir dans l'armée, à mesure qu'on augmenta leur nombre. Avant Louis XIII, le commandant en chef d'une armée n'avait qu'un seul lieutenant général; il en eut souvent deux sous Louis XIII. Bientôt l'usage s'établit d'en mettre plusieurs sous les ordres du commandant en chef : il y en avait trois pendant la guerre de 1667; puis leur nombre illimité s'accrut de telle sorte, que la promotion des lieutenants généraux, en 1704, fut de 60. Le rang était fixé entre eux par le numéro d'ordre de leur promotion.

Les brigadiers, créés en 1668, commencèrent également par être fort peu nombreux et par avoir une position presque analogue à

Fig. 94. — Les ordres de l'état-major. D'après Rugendas.

celle de général d'armée, lorsque l'armée venait à se partager en deux brigades, placées chacune sous le commandement d'un chef de brigade. Plus tard, la brigade se composa de plusieurs régiments de cavalerie ou d'infanterie, et elle était alors commandée par un brigadier avec brevet. Louis XIV fut très satisfait du service de ces officiers généraux, qui avaient sous leurs ordres les colonels et les mestres de camp. Ces derniers n'avaient été d'abord que des officiers spéciaux, chargés de régler tout ce qui concernait le campement des troupes, sous les ordres du maréchal de camp. Ils devinrent ensuite les chefs des régiments d'infanterie, puis de ceux de cavalerie à la formation de ces régiments en 1635. En 1661, la charge de colonel général de l'infanterie étant supprimée, les mestres de camp des régiments d'infanterie prirent le titre de colonel, qui avait été porté par les premiers capitaines des légions provinciales de François Ier, et les régiments de cavalerie conservèrent seuls des mestres de camp, ce qui amena des conflits de préséance entre les deux armes. Il y eut des lieutenants-colonels dès le seizième siècle, mais ils furent surtout organisés sous Louis XIV.

Enfin, les capitaines, dont le nombre allait toujours croissant en raison de l'augmentation du chiffre de l'armée active, avaient perdu, en se multipliant, une partie de leur ancienne et primitive distinction ; car, dans l'origine, ce titre de *capitaine* s'était donné à des personnages de la plus haute noblesse, et l'on avait dit simplement, le capitaine Montluc, le capitaine la Trémouille, etc., sans même ajouter au titre la qualité de *monsieur*. Il n'y avait eu que les capitaines avant les mestres de camp et les colonels ; mais, sous Louis XIII, chaque compagnie fut commandée par un capitaine (fig. 95), et l'on en mit deux, un premier et un second, quand la compagnie était trop forte. On créa, en outre, des capitaines de diverses espèces : capitaine des guides, capitaine des charrois, capitaine des mineurs, etc.

Au-dessous du capitaine ou des deux capitaines d'une compagnie, on mit un lieutenant, qui y remplissait la seconde charge. Quant aux sous-lieutenants, on les vit paraître dans la cavalerie sous le règne de Louis XIII, mais il n'y en eut pas dans l'infanterie avant 1657. Le grade d'enseigne, ou porte-enseigne, dans chaque régiment d'infanterie, était attribué à l'officier qui avait fait ses preuves de courage et qui passait pour le plus brave des compagnies du régiment. Quand le porte-enseigne devint porte-drapeau, on donna un enseigne à chaque compagnie. Le porte-enseigne fut cornette ou porte-étendard dans la cavalerie et porte-guidon dans la Maison militaire du roi.

Fig. 95. — Une compagnie d'infanterie française, sous Louis XIII (1633). D'après J. Callot.

Chaque compagnie d'infanterie avait, en outre, 12 à 16 bas officiers ou sous-officiers : sergents, caporaux et anspessades. Ils étaient à la nomination du capitaine. L'institution de ces sous-officiers remonte à Louis XII. Les sergents d'infanterie, bien différents des sergents d'armes qui constituaient la garde du roi au moyen âge, remplissaient à la fois les fonctions des sergents fourriers et des sergents-majors modernes. Ils tenaient le registre des

Fig. 96. — Manœuvres d'infanterie sous Louis XV. D'après les *Travaux de Mars*, déjà cités.

Fig. 3. — *Ordre d'une compagnie d'infanterie française en marche.* — A. Capitaine. — B. Lieutenant. — C. Enseigne. — D. Sergents. — E. Caporaux. — F. Anspessade. — G. Mousquetaires. — H. Piquiers. — I. Tambours. — A la queue de la compagnie est le poste ordinaire du sous-lieutenant, quand les premiers officiers se trouvent à la tête.

Fig. 1. — *Marche d'un régiment d'infanterie par division.* — A. Colonel. — B. Lieutenant-colonel. — C. La moitié des capitaines à la tête, l'autre moitié à la queue du régiment. — D. Les lieutenants à la tête de chaque division des mousquetaires. — E. Les divisions des mousquetaires de la première manche. — F. Tambours à la tête, au centre et à la queue du régiment. — G. Les sous-lieutenants à la tête des divisions des piquiers. — H. Piquiers. — I. Les enseignes avec leurs drapeaux. — K. Les mousquetaires de la seconde manche. — L. Les sergents sur les ailes. — M. Le major qui fait défiler. — N. L'aide-major.

La *hallebarde* était l'arme ordinaire des sergents d'infanterie. — Il y en avait de plusieurs façons : le n° 8 représente la forme la plus usitée ; le talon était pointu, pour que l'arme fût fichée en terre dans les haltes. — N° 9. *Pertuisane.* — N° 5. Hache d'armes. — N° 6. *Faux*, servant pour la défense des dehors. — N° 7. *Fourche* employée pour la défense des postes. — La pique, qui avait alors de 13 à 14 pieds de longueur, était l'arme ordinaire des piquiers et des principaux officiers d'infanterie. — La demi-pique, nommée *esponton*, de 8 à 9 pieds de longueur, était employée pour les officiers d'infanterie dans les actions de parade.

Fig. 2. — *Marche d'une compagnie d'infanterie.* — Marche sur quatre files. — A. Trompette. — B. Capitaine. — C. Lieutenant. — D. Cornette. — E. Étendard. — F. Les deux brigadiers. — G. Les 36 cavaliers, dont un maréchal. — H. Les maréchaux des logis.

Fig. 4. — Le *timbalier* est, avec le trompette, à la tête de l'escadron, trois ou quatre pas devant le commandant, dans les marches et les revues.

logements, appelaient les soldats le jour de paye, faisaient monter

Fig. 97. — Le pétard et son emploi. — Tiré des *Travaux de Mars*, déjà cités.

C. — Vne en coupe de l'intérieur.

A. — Le chargement ; il consistait en poudre fine, non battue, avec un feutre par-dessus, puis un tranchoir de bois, de la cire jaune, ou de la poix grecque, le tout recouvert d'une toile cirée.

B. — Le pétard attaché sur un madrier doublé de lames de fer ; on attachait ce madrier avec des tire-fonds à la porte qu'il s'agissait de faire sauter ; l'effet était d'autant plus terrible que la jonction était parfaite.

D. — Chariot, appelé *flèche*, servant à approcher les portes par-dessus les fossés, lorsque les ponts-levis étaient levés.

et descendre la garde, surveillaient les rangs durant la marche, et devaient pourvoir à tous les détails d'ordre et de discipline. Les anspessades étaient des aides-caporaux, qu'on nomma plus tard appointés.

Ces modifications dans l'organisation et le commandement se rattachaient à des changements dans la marche et la disposition des troupes, dont on peut juger par le tableau ci-avant (fig. 96).

L'artillerie, qui comprenait autrefois le génie militaire dans ses attributions diverses, ne commença qu'au quinzième siècle à former un corps important, avec toute une catégorie d'officiers spéciaux, commandant des milices spéciales, sous la direction du grand maître de l'artillerie, nommé par Henri IV à la place du capitaine général des poudres de l'artillerie. Ce fut M. de Rosny (Sully), qui occupa, après Antoine d'Estrées, cette charge, que le roi érigea en office de la couronne en 1601. Le grand maître de l'artillerie avait la surintendance sur tous les officiers appartenant à l'artillerie proprement dite, canonniers, pionniers, charrons, cordiers, et tous les petits officiers employés aux travaux de l'armée, dans les marches et campements ainsi que dans les sièges et la défense des villes fortifiées (fig. 97 et 98). Il se faisait représenter par ses lieutenants « en toutes les armes du roi », car il devait surtout remplir les devoirs de sa charge, en surveillant les arsenaux de France, en faisant fondre les canons et fabriquer les poudres.

Sully avait été le véritable organisateur du génie militaire en France; il appela d'abord des Italiens à ce service, et il invitait en même temps les officiers les plus instruits de l'infanterie française à se livrer aux études qui devaient les rendre capables d'exercer les fonctions d'ingénieurs. Ce fut lui qui créa le comité des fortifications, dans lequel il se montrait aussi habile que ses deux collaborateurs, le fameux Jean Errard, qui établit les prin-

Fig. 98. — Vue de la ville et de la citadelle de Cambrai, assiégé et pris sur les Espagnols par Louis XIV en 1677. D'après la peinture faite par Van der Meulen.

cipes essentiels, et Claude de Chastillon, qui, le premier, porta le titre de directeur des fortifications.

Les ingénieurs et les architectes militaires avaient, sur le reste des officiers, l'avantage d'arriver aux grades supérieurs, malgré

Fig. 99. — Sébastien Le Prestre, seigneur de Vauban, maréchal de France.

leur basse naissance, témoins Saint-Hilaire, fils d'un cordonnier, et Vauban, qui se qualifiait lui-même « le plus pauvre gentilhomme de France ». Ils se distinguèrent sous le règne de Louis XIII, où le siège de la Rochelle leur permit de montrer combien ils pouvaient contribuer, en certaines circonstances, au succès d'une campagne glorieuse. Le génie occupait désormais dans nos armées le rang auquel il avait droit, après les progrès de l'art représenté alors par Marolois, Pagan et Deville. Les grandes guerres de Louis XIV donnèrent un rapide développement à tous les services du génie et de l'artillerie : à la paix de Ryswyck (1697), on ne comptait pas moins de 600 excellents ingénieurs dans l'armée française, et l'illustre Vauban, le plus célèbre ingénieur de son temps, avait changé complètement le système de l'architecture militaire, en faisant fortifier plus de 300 places de guerre, en en élevant 33 nouvelles, et en conduisant les opérations de 53 sièges, entre lesquels l'histoire a immortalisé ceux de Maëstricht, de Valenciennes et de Philipsbourg (fig. 99).

« Vauban, » a écrit l'empereur Napoléon I<sup>er</sup>, « a organisé des contrées entières en camps retranchés, couverts par des rivières, des inondations, des places et des forêts; mais il n'a jamais prétendu que ces forteresses seules pussent fermer la frontière. Il a voulu que cette frontière ainsi fortifiée donnât protection à une armée inférieure contre une armée supérieure; qu'elle lui donnât un champ d'opérations plus favorable pour se maintenir et empêcher l'armée ennemie d'avancer, et des occasions de l'attaquer avec avantage; enfin, les moyens de gagner du temps pour permettre à des secours d'arriver. » C'est ainsi que les places de Vauban sauvèrent la France en 1793.

Non seulement les troupes furent distribuées dans les forts de la frontière, mais on dut à Louis XIV les premières casernes où elles furent logées (1692), au grand avantage de la discipline et des bourgeois chez qui on les envoyait en garnison. Le casernement ne fut achevé qu'à la fin du siècle suivant.

## CHAPITRE IX.



Les quinze dernières années du règne de Louis XIV avaient vu
plusieurs fois se renouveler, en grande partie, les armées françaises,
qui soutenaient la guerre en Italie, en Espagne, en Flandre et
en Allemagne, avec une alternative presque égale de succès et de
revers. Ces armées peu nombreuses, et disséminées sur des points
de l'Europe plus ou moins éloignés des frontières de la France,
étaient ordinairement bonnes et solides, quoique composées d'éléments hétérogènes et souvent incohérents; le soldat, quelle que
fût son origine, devenait brave et dévoué dès qu'il était enrégi-
menté sous les lois de la discipline. « Je ne connais plus la nation
que dans le soldat; sa valeur est infinie! » écrivait Villars, en avril
1703, au ministre de la guerre Chamillart (fig. 100 et 101).

Mais ce n'était pas sans peine que le général en chef parvenait
à discipliner les recrues, qu'on lui envoyait de Paris et des provinces, pour remplir les cadres de ses régiments, décimés par les
combats, les maladies et la désertion : parmi ces recrues, il y
avait bien des mauvais sujets, bien des fainéants, qui ne se sou-
mettaient pas volontiers à la règle militaire, en temps de guerre,
surtout dans un pays ennemi. « Il faut, Sire, » écrivait encore Villars au roi en cette même année 1703, « que je discipline une armée,

dont le libertinage fait fuir les peuples et nous fait manquer de tout. Grâce à Dieu, je regagne tous les jours quelque chose sur le soldat, et je commence à l'apprivoiser avec les paysans; mais l'officier n'est point accoutumé au service régulier. »

Les mauvais officiers furent, en effet, la cause immédiate de tous les désastres qui compromirent l'armée pendant les campa-

Fig. 100. — Types de soldats; d'après Watteau.

gnes de la fin du règne de Louis XIV. Ces officiers, appartenant presque tous à la noblesse, n'étaient pas moins braves que leurs soldats, mais leur légèreté et leur orgueil paralysaient sans cesse l'action la plus énergique de leurs troupes. Ils manquaient absolument d'instruction et d'expérience; ils n'étaient bons qu'à payer de leur personne dans une bataille. Le luxe dont ils faisaient étalage devint une cause irrémédiable de désordres. « C'était, » dit M. Dussieux, « pour se procurer les moyens de satisfaire à leurs folles dépenses que les capitaines faisaient de leur compagnie « leur métairie ».

Certains ne délivraient à leurs hommes des vêtements et des chaussures que les jours de revue; le reste du temps, le soldat marchait pieds nus et couvert de haillons. D'autres faisaient figurer aux revues des gens non enrôlés dits *passe-volants*, afin de toucher une solde plus considérable; s'ils étaient pris, on les cassait, et leurs complices étaient marqués d'une fleur de lis à la joue. En garnison, les officiers laissaient aux ingénieurs tous les détails du service. Ils jouaient un jeu énorme, et gaspillaient beaucoup d'argent à leur toilette. Le mal ne fit qu'empirer sous Louis XV. « On a joué cette année, » écrit le duc de Luynes en 1746, « un jeu prodigieux à l'armée. M. de Chalabre, exempt des gardes du corps, a gagné 6,000 louis (environ 150,000 fr.) au trictrac, en moins d'une heure de temps; M. de Rosen a perdu prodigieusement : on prétend qu'il n'en est pas quitte pour 500,000 livres (2 millions). » Dans les haltes, et jusque dans les sièges, les officiers avaient une table servie comme à la ville. L'armée de Soubise traînait à sa suite une cohue de valets, de marchands d'objets de mode et de parfumerie, de cuisiniers et de perruquiers; aussi, le jour qu'il perdit la bataille de Rosbach, il y avait 6,000 soldats à la maraude. Les troupes, négligées par leurs officiers, avaient repris des habitudes de pillage et de cruauté.

On comprend que Louis XIV se soit empressé de diminuer considérablement son armée, après la signature du traité de Rastadt (6 mars 1714), qui lui donnait la paix, une paix définitive et complète, et qui lui permettait de finir son règne par une année de calme et de repos. Des 274 régiments d'infanterie qu'on avait vus figurer avec des succès divers dans la fatale guerre de la succession d'Espagne, depuis 1701 jusqu'en 1714, on n'en conserva que 101, y compris les deux régiments des gardes.

Le roi mourut au moment où il songeait sérieusement à réor-

ganiser ses armées, et déjà il avait fixé à un taux normal la valeur
vénale des régiments, qui se vendaient à des prix excessifs, que la
concurrence des acquéreurs nobles menaçait de porter encore plus
haut, avec la certitude d'une longue paix. « Cette vénalité de l'u-
nique porte par laquelle on puisse arriver aux grades supérieurs, »
disait alors Saint-Simon, « est une grande plaie dans le militaire
et arrête bien des gens qui seraient d'excellents sujets. C'est une

Fig. 101. — Types de soldats. D'après Watteau.

gangrène qui ronge depuis longtemps tous les ordres et toutes les
parties de l'État, sous laquelle il est difficile qu'il ne succombe. »
Un des régiments dits *grands vieux* valait 75,000 livres (environ
350,000 fr. d'aujourd'hui), un *petit vieux*, 35,000 livres. Dans la
Maison du roi, une simple compagnie était vendue de 135,000
à 150,000 livres, excepté celle des gendarmes écossais estimée à
180,000. De plus, pour obtenir un grade quelconque, il fallait jus-
tifier de plusieurs quartiers de noblesse.

Les bons généraux n'avaient pas fait défaut à nos armées durant

les dernières guerres du règne de Louis XIV : le duc de Vendôme,
le maréchal de Catinat et le maréchal de Villars, qui remportèrent
plus d'une victoire, surent tirer parti des forces, toujours insuffi-
santes et souvent bien faibles, qu'ils avaient à leur disposition; ils
formèrent, à leur école, un assez grand nombre d'officiers; mais
ils firent surtout des soldats admirables, en leur donnant l'exemple de la bravoure. Villars, qui faisait à ses soldats l'honneur de
les consulter dans certains faits de guerre, n'hésitait pas à mettre
pied à terre et à s'élancer, l'épée à la main, en tête des compagnies
de grenadiers : « Quoi! Messieurs, » disait-il aux généraux qui
l'entouraient troublés et indécis, « il faut que moi, maréchal
de France, pour vous ébranler, je marche le premier? Marchons
donc! »

Le régent, Philippe d'Orléans, qui n'avait garde de vouloir pousser la France à recommencer les guerres interminables du règne
précédent, s'occupa néanmoins d'améliorer l'état matériel des
armées de terre et de mer. Il fit décider, par le conseil de régence,
que l'habillement et l'armement du soldat seraient fournis, d'une
manière uniforme et régulière, par les intendances de l'extraordinaire des guerres, et ce fut là une sérieuse économie. La solde
du soldat avait été régularisée en même temps, et l'on supprima
beaucoup d'officiers inutiles, en réduisant le nombre des compagnies dans chaque bataillon. L'armée fut ainsi réduite à 133,000
hommes.

Les deux principales innovations qui témoignaient de la solli-
citude de Philippe d'Orléans pour le bien-être du soldat et pour
la défense du territoire, furent l'organisation administrative des
milices provinciales, réparties en bataillons correspondant aux
121 régiments d'infanterie, et le casernement des troupes dans les
villes de garnison. Louis XIV avait bien fait construire, dans les

faubourgs de Paris, des casernes pour les gardes françaises et les
gardes suisses, mais à peine étaient-elles achevées au bout de
vingt-cinq ans. Le conseil de la guerre prescrivit alors la construction de bâtiments analogues, dans toutes les villes dont les munici-
palités voudraient faire les frais de cette construction, qui déchar-
gerait à l'avenir les habitants du logement des troupes, par maison
et par feu. On vit aussitôt s'élever, de tous côtés, par les soins de

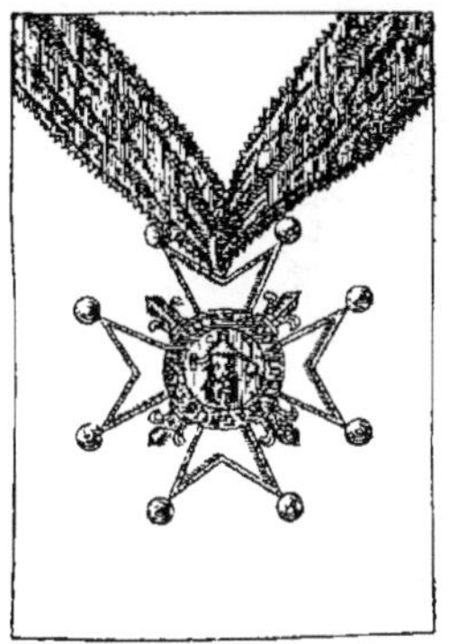

Fig. 102. — Croix de l'ordre de Saint-Louis,
fondé par Louis XIV, en 1693.

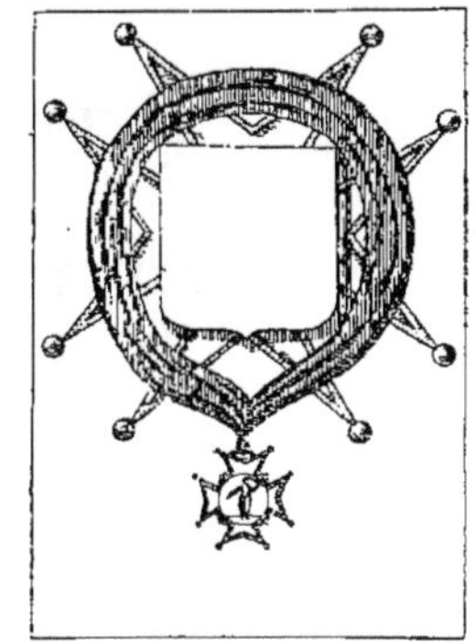

Fig. 103. — Grand-croix de l'ordre
de Saint-Louis.

l'État, les casernes régimentaires, dont le soldat était impatient
de prendre possession et qui furent nommées, par lui, les *palais
de l'armée*. Ajoutons aussi que le régent organisa la maréchaus-
sée, qui devint forte d'environ 3,000 hommes, et la soumit à un
régime uniforme.

Le régent n'avait pas réussi, néanmoins, à réaliser ses grands
et généreux projets pour la réorganisation de l'armée et de la marine. Son gouvernement, où la faveur et l'intrigue exerçaient tant
d'influence, ne recueillit pas le fruit des réformes intelligentes qu'il

avait tentées. Saint-Simon fait une triste peinture de la situation des corps militaires, à la mort du duc d'Orléans, en 1723 : « Le militaire, étouffé sans choix par des gens de tout grade et par la prodigalité des croix de Saint-Louis (l'ordre avait été créé en 1693), jetées à toutes mains (fig. 102 et 103) et trop souvent achetées des bureaux et des femmes, ainsi que les avancements en grades, était outré de l'économie extrême qui le réduisait à la dernière misère, et de l'exacte sévérité d'une pédanterie qui le

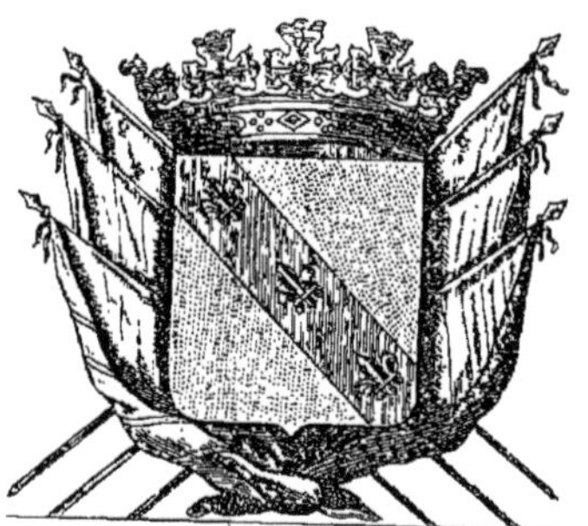

Fig. 104. — Colonel général des gardes françaises (duc du Châtelet, en 1788).

tenait en un véritable esclavage. L'augmentation de la solde n'avait pas fait la moindre impression, ni sur le soldat, ni sur le cavalier, par l'extrême cherté de toutes choses les plus communes et les plus indispensables à la vie ; de manière que cette partie de l'État, si importante, si répandue, si nombreuse, plus que jamais tourmentée et réduite sous la servitude des bureaux et de tant d'autres gens ou méprisables ou peu estimables, ne put que se trouver soulagée par l'espérance du changement qui pourrait alléger son joug, et donner plus de lien à l'ordre du service et plus d'égards au mérite et aux services. »

La composition des troupes était à peu près la même, en ce temps-là, qu'à la fin du règne de Louis XIV. Ces troupes comprenaient la Maison du roi, la gendarmerie, la cavalerie, l'infanterie française et étrangère et les milices du royaume, qui représentaient la réserve ou l'ancien arrière-ban (fig. 104 à 107).

On nommait la *Maison du roi* les belles compagnies d'élite, à cheval et à pied, qui depuis 1671 formaient la garde ordinaire du roi. Outre les cent-suisses, les gardes de la porte, et les gardes

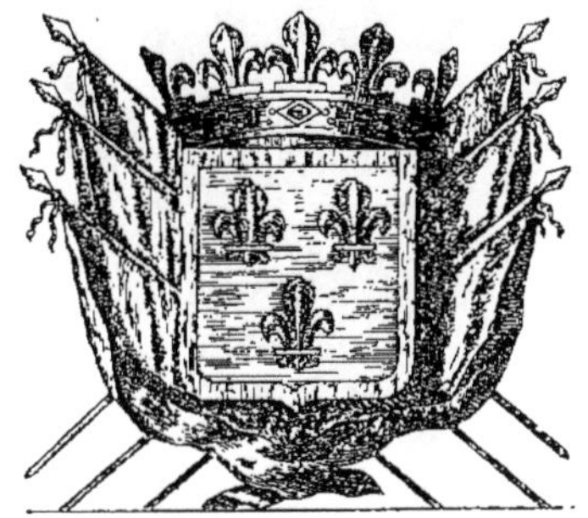

Fig. 105. — Colonel général des Suisses et Grisons (comte d'Artois, 1771).

de la prévôté de l'hôtel, qualifiés de *gardes du dedans du Louvre* et chargés d'un service spécial dans l'intérieur du palais, il y avait quatre compagnies de gardes du corps : la première compagnie, écossaise, et les trois autres françaises. Les *gardes du dehors du Louvre*, qui composaient la garde du roi, se divisaient en quatre catégories : la compagnie des gendarmes de la garde, la compagnie des chevau-légers, les deux compagnies de mousquetaires, gris et noirs, ainsi nommés de la couleur de leurs chevaux, et la gendarmerie, celle-ci forte de 3,400 hommes et composée d'une douzaine de compagnies. La Maison du roi, où l'on n'admettait que des nobles, avait été réformée par Louis XIV dans le double but d'avoir une solide réserve et une école excellente pour les jeunes gentilshommes. Elle se conduisit avec une rare valeur, notamment à Leuze et à Fontenoy.

En 1748, au moment où finissait la guerre de la succession d'Autriche, voici quel était l'état de l'armée : infanterie française et étrangère, 222,080 hommes, répartis en 134 régiments, y compris le Royal-Corse, de création récente; cavalerie, 56,010 hom-

Fig. 106. — Grand Prévôt (marquis de Sourches, 1746).

mes; troupes légères, à pied et à cheval, 13,784 hommes; milice, 87,175 hommes, en tout, près de 380,000 hommes. Une notable partie de cette armée fut licenciée l'année suivante, et la plupart des soldats, réduits à la misère et n'ayant plus l'habitude du travail, se firent mendiants, contrebandiers ou voleurs. Les étrangers entraient pour un tiers dans la composition de l'infanterie active : 25,000 Allemands, 22,000 Suisses et 4,000 Irlandais.

Quelques années auparavant, on avait créé plusieurs troupes légères, dont quelques-unes, bien dressées, avaient rendu en Bohême d'importants services, soit pour observer l'ennemi ou l'inquiéter, soit pour garder les défilés et passages dangereux. Nous citerons M. de Grassins, capitaine au régiment de Picardie, qui avait levé un corps de 1,200 hommes ; M. de la Morlière, et ses soldats vêtus de noir et de rouge, les uns à pied, les autres à cheval, et 100 qui savaient nager ; et le brigadier Fischer, ancien domestique, dont les fusiliers, instruits et disciplinés, passaient pour des éclaireurs modèles.

Parmi ces corps francs, chèrement entretenus aux frais du roi,

Fig. 107. — Colonel général des dragons (duc de Luynes, 1783).

un des plus bizarres était celui des *hulans* (on prononçait *houlans*), formé en 1734 par le maréchal de Saxe et licencié après sa mort. Ils étaient au nombre de 1,000, Tartares d'origine et presque tous mahométans. « Ces hulans, » dit le duc de Luynes dans ses *Mémoires*, « rappellent assez l'idée des anciens hommes d'armes : car il en est de deux espèces ; les premiers sont nobles ou de bonne famille, ils s'appellent Tavaritches et ont chacun un second ou écuyer nommé *packelet*. Le Tavaritche est armé de pistolets, d'un sabre et d'une lance, d'un bois ferme et léger, longue d'environ huit pieds, au bout de laquelle est une pointe de fer fort longue et extrêmement aiguë, avec une flamme de taffetas bleu et blanc. » Ils étaient montés sur de petits chevaux tartares, de vilaine figure, et leur costume rappelait celui des hussards. Ils avaient leur artillerie, consistant en de petits canons dans des boîtes de sapin, qui se tiraient avec la main. L'entretien de ce régiment coûtait au roi 50,000 livres par mois, « sur quoi il n'était pas douteux que leur chef gagnât considérablement ».

Les milices provinciales, qui devaient, en temps de guerre, contribuer à la défense du royaume et combler les vides de l'armée permanente, avaient été renvoyées dans leurs foyers, après la paix d'Utrecht. On les organisa de nouveau en 1719 et on les répartit, par généralités, en autant de bataillons qu'il y avait de régiments d'infanterie régulière. Ces milices avaient leurs colonels, officiers, uniformes et drapeaux, mais elles ne faisaient ordinairement aucun service et ne se rassemblaient, par convocation régulière, que pour des revues ou des cérémonies locales.

Le commandement supérieur des divers corps composant l'armée française était exercé, comme nous l'avons vu sous le précédent règne, par des brigadiers d'infanterie et de cavalerie, par des maréchaux de camp, et, au-dessus de ces derniers, par des lieutenants généraux. Cependant, les chefs de régiments s'appelèrent de nouveau mestres de camp de 1721 à 1730, colonels de 1730 à 1780, puis mestres de camp jusqu'à la Révolution. Au sommet de la hiérarchie militaire se trouvaient les maréchaux de France. Un grand prévôt des maréchaux était chargé de la police des troupes en campagne.

Les premières années du siècle avaient vu s'opérer de notables changements dans les manœuvres, conséquence naturelle des innovations apportées dans l'armement des corps d'infanterie, lorsque le fusil à baïonnette, après l'invention de la douille qui sert à l'a-

dapter devint l'arme des fantassins et permit de supprimer l'ancienne distinction des piquiers et des mousquetaires. La figure 108,
empruntée à l'*Art de la guerre* du maréchal de Puységur, montre
comment était disposé un bataillon des armées de Condé et de Turenne ; un bataillon des armées de 1701 occupait moitié moins de
place en profondeur et avait un front du double de longueur.

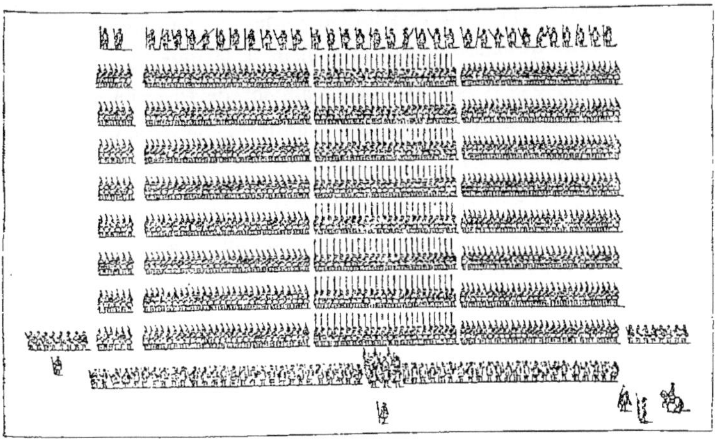

Fig. 108. — Bataillon de 17 compagnies de 50 hommes chacune, dont 1 de grenadiers. Dans
les 16 compagnies ordinaires, il y a douze soldats armés de piques et les autres de mousquets. Le bataillon de 850 hommes, non compris 3 officiers par compagnie, et en bataille
sur 8 rangs, ayant 24 files de piques au centre qui forment ce qu'on appelle le *corps de
bataille*, et à droite et à gauche 24 files de mousquetaires formant ce qui s'appelait *les
manches* ; et, sur la droite de la manche droite, 6 files de fusiliers grenadiers (bataillon tel
qu'il était dans les armées de Condé et de Turenne).

L'armement des troupes avait donc subi d'importantes améliorations depuis le commencement du siècle ; mais leur équipement
était resté presque le même, depuis qu'en 1703 l'uniforme avait
été complètement remanié et réglé, d'après un système général,
pour tous les régiments de l'armée. Cet uniforme, très compliqué,
très riche et très soigné pour la Maison du roi, était généralement

de couleur tranchante. « Les régiments de même espèce, » dit le capitaine Suzanne dans son *Histoire de l'ancienne infanterie française,* « se distinguaient entre eux par la forme des poches et par la disposition et le métal des boutons, mais surtout par la couleur des doublures, vestes et culottes. Parmi les corps français, ceux qui appartenaient au roi avaient le bleu pour couleur distinctive principale; les régiments des princes portaient le rouge écarlate; les autres régiments de gentilshommes et régiments de provinces étaient caractérisés par la couleur : le noir, le violet, le cramoisi, le jaune et le vert. » Le régiment de Picardie avait un costume entièrement blanc, et dans l'uniforme des régiments provinciaux le blanc ou le gris dominait. Tous les soldats eurent pour coiffure le tricorne en feutre noir, bordé d'un galon blanc et garni, en outre, d'un nœud de·rubans aux couleurs du colonel. Quant aux officiers, on eut beaucoup de peine à leur faire porter l'uniforme, même en guerre.

La description de l'uniforme et de l'équipement de la première compagnie écossaise de la garde suffira pour donner une idée de la magnificence des costumes de la Maison du roi : « Habit bleu, veste, parements et doublures rouges, agréments et galons d'argent en plein, manches en botte et poches en travers, garnies d'un double galon bordé d'argent, bandoulières à carreaux de soie blanche et argent galonnées d'argent, les ceinturons garnis d'argent, chapeaux bordés d'argent et cocardes noires, manteaux bleus, bordés d'argent, doublés de rouge; l'équipage du cheval, de drap rouge bordé d'argent. » Cette compagnie écossaise était armée, comme les trois compagnies françaises de la garde, d'épées, de pertuisanes, de mousquetons et de pistolets.

Ces brillants uniformes n'avaient pas une médiocre influence sur la vanité de bien des enrôlés volontaires, qui signaient un engagement de quelques années, avec l'espoir de faire partie d'un des beaux régiments qu'ils avaient admirés sous les armes. Malheureusement, la plupart de ces pauvres enrôlés, éblouis par les promesses mirifiques des racoleurs, recevaient, en échange de leur liberté, une chétive indemnité pécuniaire; puis, au lieu d'être incorporés, comme ils l'espéraient, dans les gardes du corps ou dans les

Fig. 109. — Casque de capitaine de dragons.

mousquetaires de la Maison du roi, ils allaient obscurément *manger le pain du roi,* suivant l'expression populaire, dans quelque régiment de province et « porter l'habit blanc », qui n'était pas souvent, on le pense bien, d'une blancheur immaculée.

Quant au *pain du roi,* il était, avant 1727, si grossier, si noir, si dur, que les plus robustes estomacs avaient de la peine à le digérer, car une partie du son était restée dans la farine, et l'on y ajoutait un affreux mélange de châtaigne et d'avoine. Encore ne délivrait-on, par jour, à chaque homme, qu'une livre et demie de ce mauvais pain, outre la ration quotidienne de vin et de viande. Ce fut le ministre de la guerre Voyer d'Argenson, qui, faisant droit aux justes plaintes des troupes, augmenta la quantité de pain accordée à chaque homme; de plus, il ordonna que la farine serait livrée en nature aux soldats, qui pourraient ainsi faire fabriquer eux-mêmes leur pain de munition.

La solde, très inégale pour les différents corps, était, en 1713, de 5 sols 6 deniers par fantassin, sur laquelle, après les retenues pour le pain, la masse d'entretien, le linge et la chaussure, il lui restait 1 sol 2 deniers pour l'ordinaire (viandes, légumes, combustible), environ 40 centimes d'aujourd'hui. Si grande était la misère du soldat, que, pour lui donner le moyen de se nourrir un peu mieux, on lui permettait de travailler au dehors. En 1748, la solde fut augmentée de 1 sol.

Les enrôlés, une fois envoyés au corps qui les absorbait dans ses cadres, étaient bien loin d'y trouver la vie d'abondance et de délices que le recruteur ou le racoleur leur avait promise, en leur disant qu'ils mangeraient toujours du pain blanc et qu'ils auraient du vin à discrétion au régiment. Ils apprenaient trop tard que le soldat, en temps de paix, alors qu'il ne pouvait plus se nourrir sur le pays ennemi, trouvait à peine, dans son chétif ordinaire, de quoi satisfaire son appétit. Cet ordinaire était, devait être très frugal et très parcimonieux, mais il devenait trop souvent déplorable et insuffisant, par suite de l'indélicatesse des fonctionnaires de l'intendance, qui s'enrichissaient aux dépens de la nourriture du soldat. De là des murmures presque continuels, et quelquefois des séditions, dans les régiments les plus mal partagés à l'égard des subsistances.

C'était là un vice organique de l'armée; mais les réclamations

du soldat n'avaient aucun écho au dehors, car, une fois sous les
drapeaux, il se voyait condamné à la vie de caserne et ne communi-
quait plus avec le peuple. On s'explique donc comment les racoleurs
trouvaient toujours des dupes pour fournir des recrues aux régiments qui manquaient de soldats. Le racoleur était, d'habitude,
un lieutenant de fortune ou un bas officier, que le colonel pro-

Fig. 110. — Bonnet de sapeur des Gardes suisses.

priétaire d'un régiment envoyait dans les centres de population,
et surtout à Paris, pour y faire des enrôlements et acheter des
hommes. Tantôt ces marchands de chair humaine avaient une
haute paye pendant leurs congés, tantôt ils étaient récompensés en
raison des produits de leur « chasse ». D'autres racoleurs, la plupart anciens soldats ou sous-officiers, travaillaient pour le compte
d'un entrepreneur, qui revendait ensuite à différents prix les enrôlés, auxquels on avait fait signer un engagement temporaire,

moyennant quelques écus. Les *beaux hommes* étaient plus recherchés que les autres; on les payait aussi plus cher, selon la taille qu'ils avaient. « Un louis par chaque pouce au-dessus de cinq pieds, » dit l'auteur du *Tableau de Paris,* « était un prix courant. »

On ne peut imaginer quelles inventions, quelles ruses, quels procédés abominables un bon racoleur pouvait employer pour se procurer des hommes aux meilleures conditions possibles. Les quais de Paris, et surtout le quai de la Ferraille, étaient le théâtre habituel du racolage. Il y avait une quantité de cabarets borgnes, de tabagies enfumées et de tripots infâmes, où l'on entraînait, de gré ou de force, les nombreuses et crédules victimes qui devaient en sortir ivres-mortes, mais engagées à servir le roi pendant un laps de temps plus ou moins prolongé. On avait profité de leur ivresse pour les décider, pour les contraindre à mettre leur signature au bas d'un engagement qu'ils n'avaient pas lu (généralement ils ne savaient pas lire), ou bien qu'ils n'avaient pas compris. On voyait les racoleurs (fig. 111), vêtus d'éclatants uniformes, dresser en plein vent leur bureau et appeler, au son d'une musique militaire qui attirait la foule des badauds, le gueux famélique, le campagnard naïf, le domestique sans place et tous les batteurs de pavé, qui voulaient s'enrôler pour quelques écus, qu'on faisait briller à leurs yeux éblouis.

On rencontrait des racoleurs sous tous les déguisements; on en voyait aux portes de la capitale, guettant les nouveaux venus, qui arrivaient à Paris pour y chercher fortune. Le racolage usait de toutes sortes de violences, et ceux qui se rendaient coupables de ces violences monstrueuses n'encouraient pas d'autre châtiment que la prison, d'après l'ordonnance royale de 1716. On comprend donc qu'ils osaient enlever les gens jusque dans les maisons et sur les chemins pour les enrôler de vive force. Néanmoins, personne n'était admis à s'enrôler avant seize ans d'âge, et l'enrôlement, pour être valable, ne devait pas avoir moins de six années de durée. D'ordinaire, les pauvres diables qui avaient pris, même à leur insu, un engagement irrévocable, et qui ne voyaient aucun moyen de

Fig. 111. — Un Racoleur. D'après un recueil de Costumes du xviiie siècle.

s'y dérober, si ce n'est par la désertion, qu'on punissait de mort, se résignaient à leur sort malheureux, en gémissant tout bas, et arrivés au dépôt du régiment, habillés, équipés, armés, ils ne tardaient pas à devenir aussi bons soldats que leurs camarades.

On a peine à s'expliquer comment une armée, recrutée ainsi par des moyens factices et incertains, se maintenait à un effectif si élevé; car, en 1735, le nombre total des troupes de terre était de

309,390 hommes, y compris l'état-major composé de 21,878 officiers.

Cet enrôlement perpétuel, qui fonctionnait surtout à Paris sur
une grande échelle, expliquerait l'aversion instinctive de la population parisienne pour l'état militaire. La capitale et la banlieue
avaient d'ailleurs le privilège d'être exemptes du service obligatoire dans la milice, dont l'organisation a été exposée plus haut.
On essaya cependant, à diverses époques, de faire des levées
générales à Paris, mais les résultats en furent peu satisfaisants.
En février 1742, par exemple, une ordonnance du roi demanda
1,800 hommes pour la milice, et le tirage au sort eut lieu entre les
*garçons* âgés de seize à quarante ans; mais les catégories d'exemption étaient innombrables, et une foule de jeunes gens, qu'on nomma
les *fuyards,* eurent la précaution de s'absenter pendant les opérations du tirage, qui fournit au roi 5,000 soldats au lieu de 1,800
qu'il avait demandés. On tira ainsi des milices provinciales 11 régiments d'infanterie, auxquels on donna le titre de *grenadiers
royaux,* et qui se firent bientôt connaître dans les guerres d'Allemagne. « On vit, » dit M. d'Espagnac, qui commandait un de
ces corps de nouvelle formation, « on vit, dans les grenadiers
royaux, ce que peut le point d'honneur chez les hommes; des
paysans, sortis de leurs villages, à qui on avait donné le nom de
grenadiers, servir, dès leur arrivée à l'armée, avec le même courage
et la même distinction que les grenadiers des anciens corps. »

Cependant, le soldat ne pouvait être alors attaché au drapeau
que par le sentiment du point d'honneur, sinon par patriotisme.
Les avantages qu'il avait à retirer du service militaire, en compen-
sation des fatigues et des dangers auxquels il se vouait, étaient à
peu près nuls ou insignifiants. Il n'avait pas le moindre espoir de
monter au rang d'officier, s'il n'était pas noble, et il devait borner

ses plus ambitieuses prétentions à parvenir au grade de brigadier
ou d'enseigne. Il n'obtenait la croix de Saint-Louis et la pension
qui en dépendait, ou celle du Mérite militaire s'il était protestant (fig. 112), que dans de rares occasions, comme, par exemple, après une action d'éclat à la guerre. Quand il était vieux et
infirme, il avait seulement des droits pour être admis dans les
135 compagnies de soldats invalides, en garnison dans les places

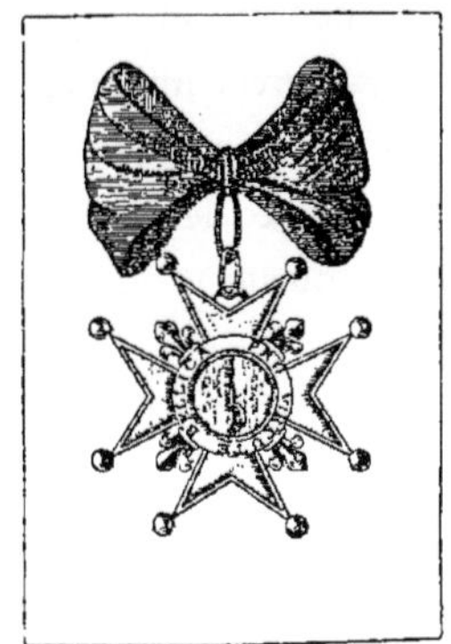

Fig. 112. — Ordre du Mérite militaire, fondé par Louis XV, en 1759, en faveur
des officiers nés en pays où la religion protestante était établie.

fortes, ou pour entrer, à force de protections, dans le personnel
de l'hôtel des Invalides. En tout cas, ce qui lui restait de sa demi-
solde ne devait pas suffire à payer son tabac, dont il avait contracté
l'habitude depuis Louis XV.

Quoi qu'il en soit, le soldat était fier de porter l'uniforme, en
temps de paix comme en temps de guerre. Il avait un soin particulier de cet uniforme, que l'État renouvelait tous les six ans, et
qui, par la nature de ses couleurs éclatantes, par le genre de ses
détails d'ornementation, par le nombre de ses poches, de ses ga-

lons d'or et d'argent, de ses boutons de métal, exigeait les plus minutieuses recherches d'entretien et de propreté. Plus tard, cet uniforme se simplifia, lorsque l'adoption des manœuvres à la prussienne fit disparaître tout ce qui faisait saillie dans l'habillement, et remplaça par de simples lisérés les poches ouvertes, en diminuant aussi le nombre des boutons, de manière à ne gêner en rien les mouvements de l'exercice du fusil. C'est alors seulement qu'on retroussa sur les cuisses, avec des agrafes, les deux pans de l'habit long, qui tombait jusqu'au genou et qui empêchait d'apprécier la régularité mathématique de la marche militaire. Mais on conserva, malgré tout, les bas blancs ou de couleur avec la culotte, et la coiffure poudrée et pommadée avec les cheveux tressés et noués sur la nuque en bourse ou en queue.

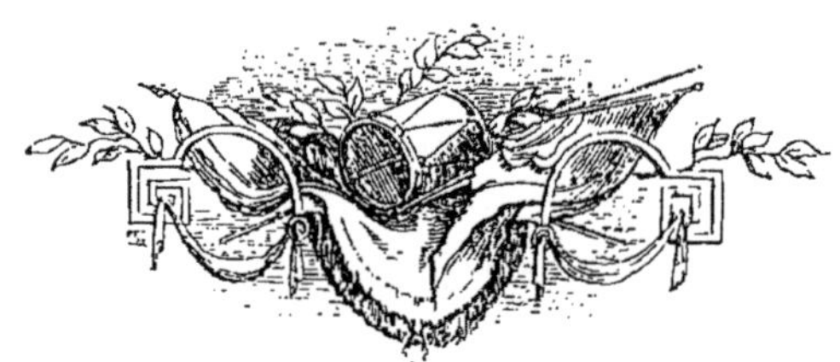

# CHAPITRE X.



Les armes avaient changé et s'étaient transformées à diverses
reprises, à partir de 1701.

Les piques furent absolument supprimées dans l'infanterie,
mais les colonels et capitaines restèrent armés d'un esponton,
long de 7 à 8 pieds, espèce de lance légère qui ne leur était pas
inutile dans le commandement et qui pouvait servir d'arme défensive dans un combat (fig. 113 et 114). Les officiers inférieurs
et subalternes, de même que les caporaux, avaient un fusil à
baïonnette. Les sergents seuls portaient la hallebarde, qu'ils em-
ployaient à l'alignement des rangs de leurs hommes (fig. 115).
Tous les soldats étaient armés du fusil, avec la baïonnette à douille
ajustée, et chacun d'eux avait, dans son cartouchier ou giberne,
20 coups à tirer. Le modèle de ce fusil, haut de 4 pieds $^1/_2$ en
totalité, très massif et trop lourd, fut modifié plusieurs fois dans
le cours du siècle (fig. 117 et 118). On avait même inventé des
carabines, de 3 pieds de longueur, à canon rayé en cercle ou en
long, et à balle forcée; mais, comme il fallait faire entrer à coups
de maillet cette balle dans le canon, l'arme parut d'un maniement
trop difficile et fut abandonnée.

L'artillerie de campagne, complétée en 1720, était encore dans l'enfance avant que l'exemple du roi de Prusse, qui avait augmenté et perfectionné cette arme de manière à la rendre formidable, eût déterminé le bureau de la guerre à faire fondre plus de canons, sans changer le modèle du *canon de France,* long de 10 pieds 7 pouces, pesant 6,200 livres et envoyant des boulets de 33 livres. Par l'influence du général de Vallière, le matériel fut ramené à cinq types de bouches à feu : 4, 8, 12, 16 et 24.

Fig. 113 et 114. — Officiers armés de l'esponton.

Au reste, le corps de l'artillerie, dirigé par un grand maître (fig. 119) jusqu'en 1755 et placé ensuite sous l'autorité immédiate du roi (fig. 120), resta longtemps dans un état d'infériorité regrettable, quoiqu'il y eût en France quatre écoles, établies par Louis XIV à la Fère, à Metz, à Strasbourg et à Grenoble. Quant à l'école du génie, elle était à Mézières. Avant que Gribeauval eût réformé l'artillerie française (1775), on avait les idées les plus routinières et les plus fausses sur l'utilité de cette arme dans les opérations de la guerre en rase campagne, quoique le grand Frédéric eût déjà créé l'artillerie à cheval. Le maréchal de Saxe partageait ces préjugés, puisqu'il prétendait que la grosse artillerie

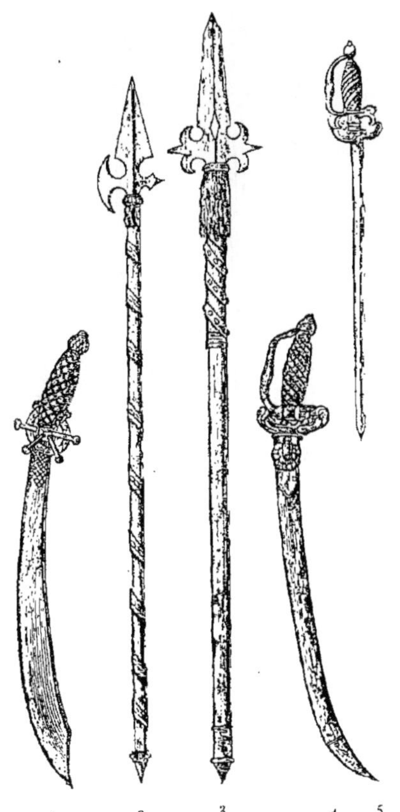

Fig. 115. — N⁰ˢ 1 et 4, Sabres. — N° 2, Hallebarde. — N° 3, Pertuisane. — N° 5, Épée.

gênait la marche des troupes, en détériorant les chemins; selon lui, une armée de 46,000 hommes n'avait besoin que de 5o pièces de 16, et de 12 mortiers de différentes grandeurs.

La musique militaire ne fut adoptée que bien tardivement dans l'ordonnance des troupes de France, malgré l'exemple des armées

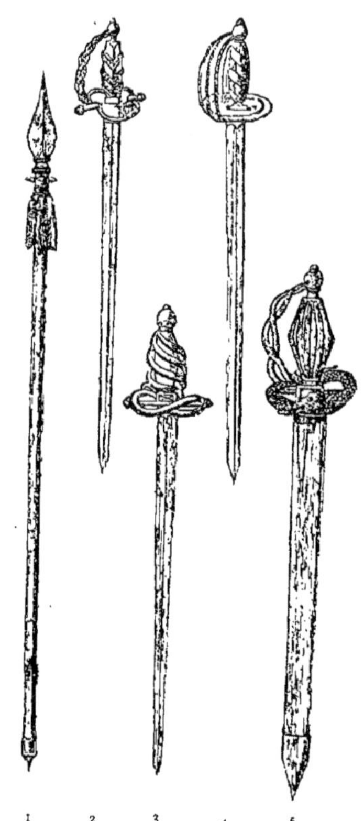

Fig. 116. — Nº 1, Esponton. — Nºˢ 2, 3 et 4, Épées. — Nº 5, Sabre.

allemandes, qui avaient conservé les corps de musique, assez bien fournis, en usage au seizième siècle. En France, dans les compagnies des gardes de la Maison du roi, on se contentait de six trom-

pettes et d'un timbalier par compagnie; les mousquetaires, bien
qu'à cheval, avaient des tambours et des hautbois, et les Suisses,
des tambours et des fifres. Dans les régiments d'infanterie, il n'y
avait que des tambours en tête et en queue, et encore ces tambours
n'étaient-ils pas soumis à un règlement uniforme pour les batteries, qui s'exécutaient de la façon la plus capricieuse et la plus
indépendante. Ce n'est qu'en 1754 que le tambour-major des
gardes françaises fut chargé de régler définitivement ces batteries,
et de les apprendre à tous les tambours-majors de l'infanterie. Il

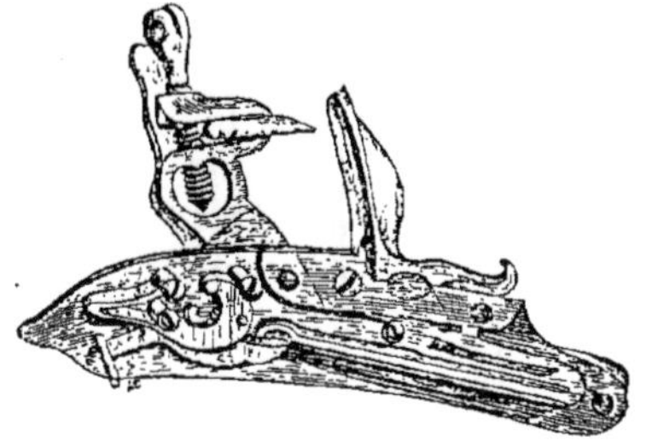

Fig. 117. — Batterie du fusil de munition à pierre.

existe un curieux recueil, formé en 1705 par Philidor, contenant
les batteries et les airs d'un grand nombre de marches à l'usage de
l'armée; Lully en avait composé plusieurs.

Dès la guerre de 1741, les hulans, les Croates et les gardes
françaises furent pourvus d'une musique particulière à hautbois,
à bassons et à cymbales. L'infanterie commença ensuite à em-
prunter la clarinette aux Bavarois et le cor aux Hanovriens;
par l'intermédiaire des troupes du Nord, elle eut encore la grosse
caisse, importée d'Orient. Nous ne parlons pas des trompettes et
des clairons, dont l'emploi remonte très haut. Enfin, l'on introduisit, en 1764, dans le régiment des gardes françaises, un corps

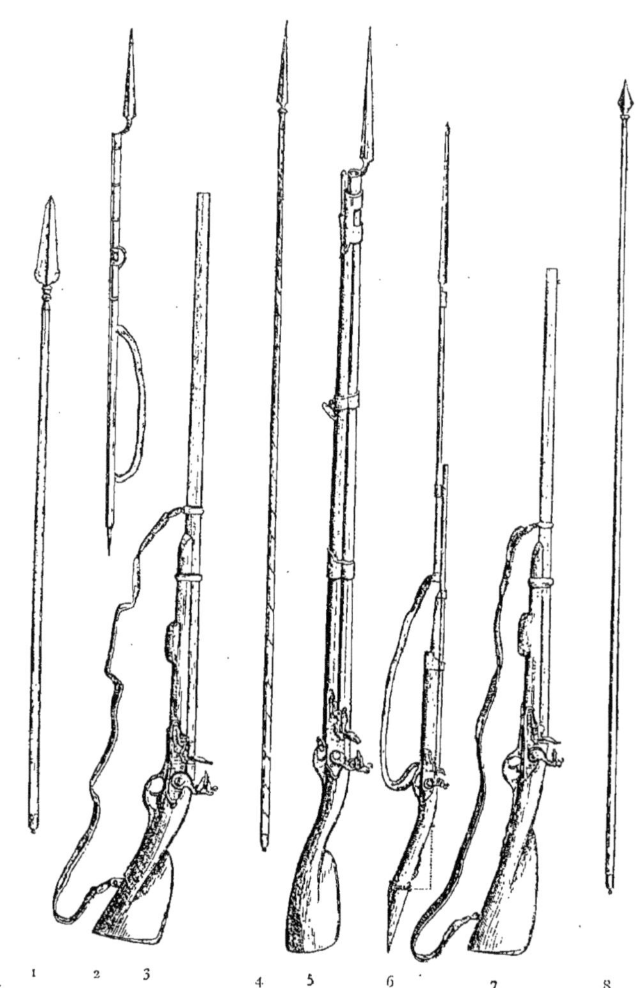

Fig. 118. — 1, Pertuisane du chevalier Folard. — 2, Pique à feu de M. de Maizeroy. —
3, 5, 7, Fusils de munition de divers modèles. — 4, Esponton du maréchal de Saxe. —
6, Fusil-pique, de 9 pieds de long.

de musique composé de quatre clarinettes, quatre hautbois, quatre cors et quatre bassons. Cette musique, tout à fait élémentaire, faisait l'admiration de la foule, qui se précipitait pour l'entendre; mais l'administration de la guerre la considérait comme un surcroît de dépense que l'État ne devait pas supporter : aussi, laissa-t-on aux frais des colonels la musique que ceux-ci voulurent adjoindre à leurs régiments, et l'on jugea suffisant d'accorder

Fig. 119. — Grand maître de l'artillerie (comte d'Eu, 1710).

à chaque régiment deux clarinettes et un fifre pour l'accompagnement des tambours.

On n'épargnait rien, au contraire, pour multiplier les drapeaux et les étendards avec un luxe et une variété extraordinaires. Il n'y avait pas deux corps qui eussent des drapeaux d'ordonnance entièrement semblables. Tous ces drapeaux, de couleurs différentes, étaient chargés d'armoiries, de devises et d'ornements particuliers, dans lesquels on aurait vainement cherché l'intention d'un système uniforme. Au reste, depuis Henri IV, si le drapeau royal était blanc, le drapeau de France, autrefois rouge, n'avait pas cessé

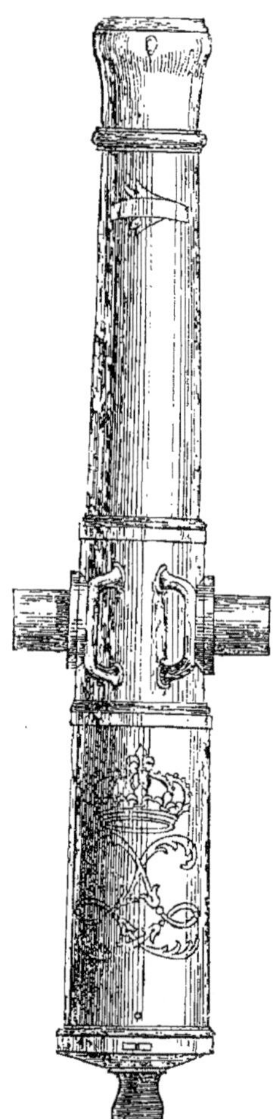

Fig. 120. — Canon au chiffre
de Louis XV.

d'être bleu azur à trois fleurs de lis d'or.
Le drapeau, dans l'armée, ne représentait
donc que l'autorité supérieure militaire,
sans offrir encore le caractère unique d'un
symbole national. Dans chaque régiment,
l'enseigne colonelle était toujours blanche, comme pour rappeler la couleur du
roi. Les autres enseignes, remarquables
aussi par leur décoration et leur richesse,
ne devaient leurs couleurs et leurs devises
qu'à la fantaisie des anciens propriétaires
du régiment. Le nombre de ces enseignes
était, d'ailleurs, aussi variable que leur
physionomie. La première compagnie
des gardes du corps du roi avait 6 étendards, et les deux compagnies des mousquetaires de la garde 2 drapeaux et 2
étendards; mais la plupart des régiments
d'infanterie française n'avaient que 3 drapeaux, tandis qu'on en comptait 18 dans
le régiment étranger Royal-Bavière, créé
en 1709.

Le drapeau national n'exista que
pour la marine, au dix-huitième siècle.
Louis XIV avait ordonné, depuis 1661,
que les vaisseaux et les frégates porte-
raient le pavillon blanc; ce pavillon fut
donc arboré sur tous les bâtiments de
guerre, à l'exception des galères, qui conservèrent le drapeau
rouge jusqu'en 1748, où le corps des galères fut réuni à celui

de la marine, pour ne former qu'un corps sous les ordres de l'amirauté de France. Au reste, la marine française, qui avait

Fig. 121. — Le Salut du drapeau. D'après Gravelot.

joué un rôle si glorieux dans les grandes guerres du règne de Louis XIV, était bien déchue à la mort de ce monarque, qui en fut en quelque sorte le créateur. Lorsque l'Angleterre déclara la guerre à l'Espagne notre alliée, en 1739, on eut bien de la peine à lui opposer 22 vaisseaux, qui n'étaient pas capables de tenir tête aux flottes britanniques; plus tard, en 1743, on trouva encore 25 vaisseaux de ligne dans les ports, mais la moitié seulement pouvait en sortir. Malgré le courage et l'habileté des chefs d'escadre la Bourdonnaye, de Court, la Galissonnière, les échecs et les désastres se succédèrent presque sans interruption pour la marine française, qui n'existait plus que de nom, quand la paix fut signée à Aix-la-Chapelle en 1748.

Les armées de terre avaient également essuyé des revers et perdu des batailles, mais elles en avaient gagné aussi, et nonobstan quelques glorieuses défaites dans les pays étrangers où elles allaient porter une formidable guerre d'invasion, elles se montraient dignes de leur vieille réputation de bravoure et d'intrépidité. Elles n'avaient jamais été assez nombreuses, il est vrai, dans ces expéditions lointaines où leurs victoires mêmes ne servaient qu'à les affaiblir, en donnant plus d'énergie à leurs ennemis coalisés. Les campagnes de Bavière et de Bohême, où elles manquaient de vivres, où elles ne recevaient pas de solde, où elles attendaient en vain des renforts, eurent aussi la plus funeste influence sur leur moral et sur leur discipline. Le soldat était forcé de vivre de rapine, aux dépens de l'habitant, et, à l'exemple des pandours et des Croates, il se livrait à d'horribles excès. Pendant la retraite de Bohême, le maréchal de Belle-Isle écrivait au ministre de la guerre (2 décembre 1742) : « La désertion augmente, ainsi que les maladies, et le mauvais esprit de l'officier est au delà de toute expression. Je n'oserais vous en mander les particularités, qui font honte à la nation. »

Les officiers n'étaient pas moins braves que les soldats, et ils se faisaient tuer à la tête de leurs régiments ; mais il ne fallait pas leur en demander davantage : ils ne connaissaient rien à l'art de la guerre, et ils ne se préoccupaient même pas d'acquérir l'instruction nécessaire à un commandement de troupes. « L'honneur fait les guerriers, » disait alors l'abbé Coyer dans sa *Découverte de l'Isle frivole* (1749); « c'est la capitale qui fournit les officiers généraux : on y prend un soin tout particulier de leur éducation. Un jeune

Fig. 122. — Cavaliers en vedette, d'après Parrocel.

seigneur que l'on destine au commandement doit avoir le meilleur tailleur, le parfumeur le plus exquis, l'équipage le plus brillant, la livrée la plus leste; il doit jouer beaucoup, danser souvent, être à tous les spectacles, et imaginer quelque chose sur l'habillement de la première troupe qu'on lui confie. »

L'héroïsme du chevalier d'Assas, capitaine au régiment d'Auvergne, qui fit le sacrifice de sa vie pour empêcher son régiment d'être surpris par l'ennemi (1760), prouverait, au besoin, que ces grands seigneurs, ces officiers généraux, qui se formaient dans les salons et qu'on y avait vus brodant et parfilant, comme des femmes, avant de partir pour l'armée, étaient ou pouvaient être des héros sur le champ de bataille. On citerait d'innombrables exemples du dévouement et de l'intrépidité militaire des officiers français pendant ces guerres, plus malheureuses dans leurs résultats que dans leurs opérations. Ainsi, à la bataille de Lawfeld (1747), le marquis de Ségur, lequel n'était encore que colonel, eut le bras fracassé, en voulant ramener à la charge son régiment qui avait été repoussé trois fois; craignant que son absence ne ralentît l'ardeur de ses soldats, il continua, malgré sa blessure, à marcher en avant, et ne quitta son poste qu'après la victoire. A la bataille de Dettingen, en Bavière (1743), se trouvait, pour faire ses premières armes, un comte de Boufflers, âgé de dix ans et demi : « Un coup de canon lui cassa la jambe, » dit Voltaire; « il reçut le coup, se vit couper la jambe, et mourut avec un égal sang-froid. » (Fig. 122 à 124.)

Tous les officiers, il est vrai, n'avaient pas cette fermeté d'âme et cette abnégation. Le comte de Saxe, qui prit le commandement de l'armée après la défaite de Dettingen, écrivait au ministre de la guerre, Voyer d'Argenson : « Le désordre et l'indiscipline y sont si grands, que je n'ai pu me dispenser de faire des exemples de sévérité... Les officiers ne se font pas scrupule de mentir comme des laquais... Il se fait tous les jours des assassinats dans l'armée; on y vole des chevaux, et les officiers les gardent tranquillement à leurs piquets... Enfin, il faut une grande sévérité pour y mettre l'ordre, la discipline et l'honneur. »

L'indiscipline était devenue générale; le luxe s'étalait sans pudeur au milieu des camps. Tout s'accordait à la faveur. C'était le temps des colonels « à la bavette », comme le duc de Fronsac, gra-

tifié d'un régiment à l'âge de sept ans. Mais que pouvait-on re-
fuser à son père, un des plus puissants favoris du roi, le maréchal de Richelieu, qui s'était honteusement enrichi dans sa
campagne du Hanovre? On nommait des généraux de boudoir;
on méprisait toute stratégie; nos colonies étaient sacrifiées. L'es-

Fig. 123. — Le soldat d'infanterie. D'après Leclercq.

prit de l'armée était tombé si bas, que M. de Choiseul pouvait
dire avec un semblant de raison : « L'acquisition d'un soldat
étranger équivaut à trois hommes : celui qu'on achète, celui qu'on
empêche l'ennemi d'acheter, et le Français, que l'on conserve à
l'agriculture. »

Le comte d'Argenson, qui avait succédé au marquis de Breteuil comme ministre de la guerre en 1743, se signala par des réformes très utiles, dans le but de relever la puissance militaire de la France. Il fut secondé par le comte de Saxe, qui consacra toute la campagne de 1744 à l'éducation morale et à l'instruction militaire de ses troupes d'après les principes sévères, mais trop minu-

Fig. 124. — Le Major. D'après Leclercq.

tieux, de l'école allemande. L'uniforme, l'armement, l'exercice, furent modifiés selon le modèle prussien, préconisé par le comte de Bombelles. L'armée en souffrit, loin d'y gagner : « Son administration, sa constitution même, si féconde quoique incohérente, » dit l'auteur de l'*Essai sur la vie du marquis de Bouillé,* « s'altérait par l'effet d'ordonnances conçues sous une trop vive préoccupation des avantages de la discipline prussienne. Le sentiment des revers subis dans la dernière guerre inspirait l'aveugle imitation du système des vainqueurs. En travaillant à modifier ainsi sans mesure, on dissolvait tout sans réflexion et sans prévoyance. »

Fig. 125. — Port du fusil de l'officier (ordonnance de 1766). D'après Gravelot.

Fig. 126. — Position du fusil de l'officier pour le salut (ordonnance de 1766) D'après Gravelot.

Louis XV n'aimait pas les innovations, et ne s'y prêtait que sous l'empire d'une volonté plus forte ou plus persévérante que la sienne. Le comte d'Argenson se vit donc arrêté, par sa destitution, au milieu des réformes qu'il poursuivait avec tant de zèle et de persévérance. Peu de temps après lui, le duc de Choiseul inaugura aussi son entrée au ministère de la guerre par de nouvelles

réformes, qui ne firent pas oublier celles de son prédécesseur.
Celui-ci avait fondé l'École militaire en 1751, où 500 jeunes gentilshommes sans fortune devaient être élevés gratuitement, pour
faire de bons officiers de différentes armes; en 1750, il avait créé

Fig. 127. — Exercices d'infanterie (ordonnance de 1766). D'après Gravelot.

une noblesse militaire, avec exemption d'impôts, pour les officiers
qui compteraient trente ans de service.

Le duc de Choiseul arracha, en quelque sorte, à Louis XV les
ordonnances de 1762, destinées à reconstituer l'armée : le corps
d'artillerie de campagne fut doublé et porté à 7 brigades, trans-

formées depuis en autant de régiments, correspondant aux écoles d'artillerie qui existaient alors en France; 20 régiments d'infanterie française et étrangère furent licenciés, de manière à réduire à 100 le nombre total; le prix de ces régiments fut régularisé et taxé; l'uniforme subit d'ingénieuses améliorations; l'administration des compagnies passa des mains du capitaine dans celles d'un

Fig. 128. — La charge du fusil (ordonnance de 1766). D'après Gravelot.

quartier-maître trésorier; des compagnies de vétérans, composées d'officiers et de soldats invalides, constituèrent une garnison permanente dans les villes de province; la pension de retraite au bout de vingt ans fut établie d'une manière régulière. Quatre ans plus tard, paraissait l'ordonnance de 1766, qui réglait la tenue et les exercices de l'infanterie et de la cavalerie (fig. 125 à 129). Presque tous les successeurs de Choiseul continuèrent son œuvre.

Louis XVI, à son avènement au trône (1774), avait trop à cœur de conserver la paix pour s'occuper des préparatifs de la guerre. Le comte de Saint-Germain, qui remplaça le maréchal de Muy en 1775, fut encore un ministre réformateur. Il remania ou voulut remanier tout dans le militaire. Admirateur passionné de Frédéric II, il crut pouvoir introduire en France tout ce qui constituait l'école prussienne. « Les bases de son système, » dit le baron de Besenval dans ses *Mémoires,* « portaient sur de bons principes. Il voulait une subordination graduelle, exacte, un service ponctuel et suivi. Connaissant combien l'esprit des grands seigneurs en France est contraire à ces principes, il chercha à les éloigner du militaire, et ses premières opérations devaient être la réforme de tous ces corps de faste et à privilèges, de ces charges honoraires, contraires à la discipline, à l'administration. » Le comte de Saint-Germain avait augmenté la solde et favorisait l'avancement des bons officiers; mais, comme il prétendait établir la discipline allemande dans l'armée française, et soumettre le soldat à l'humiliante punition de coups de plat de sabre, il fut honni et abhorré. Il avait proposé d'admettre, dans une certaine proportion, les sous-officiers aux places d'officiers : la noblesse et la cour protestèrent à grands cris contre une prétention pareille, et le ministre se retira fièrement au bout de deux ans, en disant au roi qu'il ne voulait pas assister aux funérailles de l'armée.

L'art de la guerre se perfectionnait : le comte de Guibert publiait son *Essai sur la tactique,* et Mesnil-Durand ses excellentes Observations, qui renouvelèrent notre manière de combattre; le général de Gribeauval réorganisait le matériel de l'artillerie, et ramenait au premier rang ce corps d'élite, qui faisait la principale force de l'armée française.

Le prince de Montbarey, ministre de la guerre, s'était arrêté court dans la voie des réformes. Son successeur, le maréchal de Ségur, qui resta au ministère jusqu'aux approches de la Révolution (1780 à 1787), eut la malencontreuse idée, imposée, dit-on, par le comte d'Artois, d'exiger la preuve de quatre quartiers de no-

Fig. 129. — Le cavalier, suivant l'ordonnance de 1766.

blesse pour être officier. Il améliora toutefois les conditions matérielles du service : le soldat fut mieux vêtu, mieux logé, mieux nourri. Jusqu'alors, dans nos chambrées, il y avait trois hommes par lit : on arrêta que chaque lit ne serait plus que pour deux hommes; les hôpitaux furent agrandis et multipliés. L'épaulette, que le duc de Choiseul avait inventée comme une récompense attribuée aux meilleurs soldats, devint aussi recherchée qu'elle était dédaignée auparavant par ceux qui l'appelaient la *guenille de Choiseul;* il est vrai que le ministre y avait attaché une haute paye. Une caisse de pensions avait été établie, en outre, pour les anciens chevaliers de Saint-Louis, au moyen de sages épargnes, en même temps que s'augmentait le fonds des pensions militaires. Ségur eut l'honneur de faire accepter par Louis XVI la double création du corps de l'artillerie légère et du corps de l'état-major (1783).

La belle ordonnance de 1788, préparée par le comte de Brienne, acheva la réforme commencée par Saint-Germain. « Il y eut désormais, » dit M. Dussieux, « 21 divisions permanentes, comprenant 48 brigades d'infanterie (218 bataillons) et 32 brigades de cavalerie (200 escadrons). Les divisions étaient placées surtout dans les provinces du nord et du nord-est, de façon à être prêtes à défendre la frontière ou à la franchir. » En même temps, on supprima les colonels généraux, les mestres de camp, les brigadiers et les officiers à la suite.

Cependant, l'armée avait été successivement diminuée par économie et par raison d'État, tandis que la marine prenait un accroissement extraordinaire et renaissait, puissante et redoutée, depuis la guerre d'Amérique (1778). La Révolution planait déjà sur l'armée, réduite alors à 173,000 hommes. Mais cette armée, bien organisée, bien exercée aux manœuvres, pourvue d'une artillerie légère, et rompue à une méthode en parfait accord avec le génie et les qualités de sa race, allait pouvoir, sous l'influence des institutions nouvelles, tenir tête à toute l'Europe.

# CHAPITRE XI.



En partageant entre leurs compagnons d'armes les terres de la Gaule romaine qu'ils venaient de conquérir, les chefs francs leur avaient imposé, suivant la coutume barbare, l'obligation de les suivre à la guerre. Charlemagne ne fit, en quelque sorte, que régulariser cet état de choses; comtes et barons devaient conduire leurs vassaux à l'armée pour un temps limité, et tout dépendait du courage aveugle, de la force matérielle; quant à l'art militaire, quoiqu'on en trouve par-ci par-là de bien faibles preuves, il rétrograde jusqu'au point où il en était avant les Romains.

De l'établissement du régime féodal découla naturellement une nouvelle organisation des armées, qui modifia la manière de combattre. La cavalerie, recrutée tout entière parmi la noblesse, forma la principale, ou, pour mieux dire, l'unique force des armées; l'infanterie, composée de paysans, réunis à la hâte, sans instruction, à peine armés, n'était pour les seigneurs qu'un objet de mépris, ou de massacre pour les vainqueurs. Sous la troisième race, l'affranchissement des communes fournit aux rois des contingents braves et souvent aguerris; mais les milices populaires, après avoir fait merveilles à Bouvines, furent de plus en plus négligées, et force fut d'avoir recours, comme gens de pied, aux désastreux services des bandes mercenaires tirées d'Allemagne ou d'Italie.

Depuis les croisades, la tactique ne fit aucun progrès. De part et d'autre, et malgré l'ordonnance èn *batailles* ou corps d'armée, on s'engageait sans ordre, sans dispositions préalables; on se choquait sur tout le front. Les plus hauts seigneurs, les généraux, les souverains mêmes, brûlaient du désir de se signaler par quelque prouesse. Philippe-Auguste, l'empereur Othon, Philippe VI, le roi Jean, Charles le Téméraire, François I$^{er}$, se battaient en paladins, semblables au roi Jean de Bohême, vieux et aveugle, qui, conduit au fort de la mêlée, frappa de la hache jusqu'à ce qu'il tomba mort. Avec les compagnies d'ordonnance, Charles VII, revenant aux sages institutions de son aïeul, créa une armée régulière et permanente, qui acheva de débarrasser les provinces des Anglais. Louis XI la fortifia d'une bonne infanterie, en réformant les francs archers, et d'une artillerie puissante. Le canon, quoique d'un usage déjà ancien, commença dès lors à jouer un rôle décisif à la guerre. L'influence de l'invention de la poudre devint peu à peu prépondérante : elle rendit inutiles les pesantes armures, ramena l'égalité entre les combattants, et contribua au triomphe de la tactique et à la création des armées modernes. Cependant il s'écoula plus d'un siècle entre le temps où Bayard faisait pendre tout arquebusier qui lui tombait dans les mains et celui où tous les fantassins furent pourvus d'armes à feu. Nos régiments à Malplaquet portaient encore la pique et la hallebarde.

La Renaissance exerça une forte action sur l'art militaire. On étudia dans Polybe, César, Végèce les principes qui avaient dirigé les capitaines de l'antiquité. Il y eut alors de véritables hommes de guerre, tels que Gaston de Foix, François de Guise, Montluc,

Coligny, Henri IV. Enfin, après la mort de ce grand prince, la France eut une armée nationale, ne servant qu'à sa défense et ayant pour bases les services administratifs pour l'artillerie, les transports, le génie, les vivres, la solde, etc. Richelieu reprit l'œuvre d'Henri IV et la perfectionna; Louvois se dévoua à la compléter. Le résultat, suivant la juste observation de M. Dussieux, fut que l'organisation militaire due à ces trois grands esprits a duré, sauf quelques changements de détail, jusque vers la fin du dix-huitième siècle.

A cette époque, l'art de la guerre se relève pour briller par moments du plus vif éclat; car c'est à elle qu'appartient cette illustre pléiade militaire, où l'on rencontre des noms dont la gloire n'a point pâli, et il nous suffira de citer Condé, Turenne, Luxembourg, Vendôme, Catinat, Vauban, Villars et Belle-Isle. Nous avons cru ne pouvoir mieux conclure ce résumé historique de l'armée en France que par le récit des plus importantes batailles livrées depuis le onzième siècle, en choisissant indistinctement parmi les défaites et les victoires. Puisse la lecture des unes et des autres inspirer la nécessité d'une étude constante et d'un patriotisme réfléchi et prêt à tous les événements.

## BATAILLE D'HASTINGS.

### 14 OCTOBRE 1066.

Après avoir réuni une nombreuse armée, 400 navires et 1,000 bâtiments de transport, Guillaume, duc de Normandie, mit à la voile, le 29 septembre 1066, du port de Saint-Valery, à l'embouchure de la Somme (fig. 130). Il débarqua sans résistance dans le Sussex, en Angleterre. Quinze jours plus tard, il rencontra Harold et les Saxons dans la plaine d'Hastings. Notre grand historien, Augustin Thierry, a tracé de cette journée un magnifique récit que nous mettrons sous les yeux du lecteur.

Sur le terrain qui porta depuis le nom de *lieu de la bataille,* les lignes des Anglo-Saxons occupaient une longue chaîne de collines, fortifiées par un rempart de pieux et de claies d'osier. Dans la nuit du 13 octobre, le duc Guillaume fit annoncer aux Normands que le lendemain serait jour de combat. Des prêtres et des religieux, qui avaient suivi en grand nombre l'armée d'invasion, se réunirent pour prier et chanter des litanies, pendant que les gens de guerre préparaient leurs armes. Ceux-ci, après ce premier soin, employèrent le temps qui leur restait à faire la confession de leurs péchés. Dans l'autre armée, les Saxons se divertirent avec grand bruit et entonnèrent de vieux chants nationaux, en vidant, autour de leurs feux, des cornes remplies de bière et de vin.

Au matin, l'armée se divisa en trois colonnes d'attaque : à la première étaient les gens d'armes venus des comtés de Boulogne et de Ponthieu, avec la plupart des aventuriers engagés pour une solde ; à la seconde se trouvaient les auxiliaires bretons, manceaux et poitevins ; Guillaume en personne commandait la troisième, formée de la chevalerie normande. En tête et sur les flancs de chaque corps de bataille marchaient plusieurs rangs de fantassins armés à la légère, vêtus de casaques matelassées, et portant de longs arcs de bois ou des arbalètes d'acier. Le duc montait un genet d'Espagne, tenait suspendues à son cou des reliques révérées, et l'étendard bénit par le pape était porté à côté de lui par un jeune homme appelé Toustain le Blanc.

Au moment où les troupes allaient se mettre en marche, le duc, élevant la voix, leur parla en ces termes : « Mes vrais et loyaux amis, vous avez passé la mer pour l'amour de moi et vous êtes

Fig. 130. — Fragment de la *Tapisserie de Bayeux*, lequel représente la construction des nefs du duc Guillaume (avec la bordure).

mis en aventure de mort, ce dont je me tiens grandement obligé envers vous. Or, sachez que c'est pour une bonne querelle que nous allons combattre... Les gens de ce pays, vous ne l'ignorez pas, sont faux et doubles, parjures et traîtres. Ils ont tué sans cause les Danois; ils ont décimé les compagnons d'Alfred, frère d'Édouard, mon parent; ils ont fait encore d'autres cruautés contre les Normands. Vous vengerez aujourd'hui ces méfaits, s'il plaît à Dieu. Pensez à bien combattre et mettre tout à mort, car si nous pouvons les vaincre, nous serons tous riches. Ce que je gagnerai, vous le gagnerez; si je conquiers, vous conquerrez; si je prends la terre, vous l'aurez. Pensez aussi au grand honneur que vous aurez en ce jour, si la victoire est à nous, et songez bien que si vous êtes vaincus, vous êtes morts sans remède, car vous n'avez aucune voie de retraite. Vous trouverez devant vous d'un côté des armes et un pays inconnu, de l'autre la mer et des armes. Qui fuira sera mort, qui se battra bien sera sauvé. »

L'armée se trouva bientôt en vue du camp saxon, au nord-ouest de Hastings. Les prêtres et les moines se détachèrent, et montèrent sur une hauteur voisine, pour prier et regarder le combat. Un Normand, appelé Taillefer, poussa son cheval en avant du front de bataille, et entonna le chant, fameux dans toute la Gaule, de Charlemagne et de Roland. En chantant, il jouait de son épée, la lançait en l'air avec force, et la recevait dans sa main droite; les Normands répétaient ses refrains ou criaient : Dieu aide! Dieu aide! (Diex aïe!)

A portée de trait, les archers commencèrent à lancer leurs flèches, et les arbalétriers leurs carreaux; mais la plupart des coups furent amortis par le haut parapet des redoutes saxonnes. Les fantassins armés de lances et la cavalerie s'avancèrent jusqu'aux portes des retranchements, et tentèrent de les forcer. Les Anglo-

Saxons, tous à pied autour de leur étendard planté en terre, et formant derrière leurs palissades une masse compacte et solide, reçurent les assaillants à grands coups de hache, qui, d'un revers,

Fig. 131. — Deux cavaliers de l'armée du duc Guillaume, armés de pied en cap.
Fragment de la *Tapisserie de Bayeux*.

brisaient les lances et coupaient les armures de mailles. Les Normands, ne pouvant pénétrer dans les redoutes ni en arracher les pieux, se replièrent, fatigués d'une attaque inutile, vers la division que commandait Guillaume.

Le duc alors fit avancer de nouveau tous ses archers, et leur ordonna de ne plus tirer droit devant eux, mais de lancer leurs traits en haut, pour qu'ils tombassent par-dessus le rempart du camp ennemi. Beaucoup d'Anglais furent blessés, la plupart au visage, par suite de cette manœuvre; le roi Harold lui-même eut l'œil crevé d'une flèche, mais il n'en continua pas moins de commander et de combattre. L'attaque des gens de pied et de cheval recommença de près, aux cris de Notre-Dame! Dieu aide! Mais les Normands furent repoussés à l'une des portes du camp, jusqu'à un grand ravin recouvert de broussailles et d'herbes, où leurs chevaux trébuchèrent et où ils tombèrent pêle-mêle et périrent en grand nombre. Il y eut un moment de terreur dans l'armée d'outre-mer. Le bruit courut que le duc avait été tué, et, à cette nouvelle, la fuite commença. Guillaume se jeta lui-même au-devant des fuyards et leur barra le passage, les menaçant et les frappant de sa lance; puis se découvrant la tête : « Me voilà, » leur cria-t-il, « regardez-moi, je vis encore, et je vaincrai avec l'aide de Dieu ! »

Les cavaliers (fig. 131) retournèrent aux redoutes; mais ils ne purent davantage en forcer les portes ni faire brèche. Alors le duc s'avisa d'un stratagème, pour faire quitter aux ennemis leur position et leurs rangs : il donna l'ordre à mille cavaliers de s'avancer et de fuir aussitôt. La vue de cette déroute simulée fit perdre aux Saxons leur sang-froid; ils coururent tous à la poursuite, la hache suspendue au cou. A une certaine distance, un corps posté à dessein joignit les fuyards, qui tournèrent bride; et les Saxons, surpris dans leur désordre, furent assaillis de tous côtés à coups de lance et d'épée dont ils ne pouvaient se garantir, ayant les deux mains occupées à manier leurs grandes haches. Quand ils eurent perdu leurs rangs, les clôtures des redoutes furent enfoncées, cavaliers et fantassins y pénétrèrent; mais le combat fut encore vif pêle-mêle, et corps à corps. Guillaume eut son cheval tué sous lui; le roi Harold et ses deux frères tombèrent morts, au pied de leur étendard, qui fut arraché et remplacé par la bannière envoyée de Rome. Les débris de l'armée anglaise, sans chef et sans drapeau, prolongèrent

Fig. 132. — Après la bataille d'Hastings (14 octobre 1066), les familles de l'armée vaincue viennent enlever leurs morts. Le corps du roi saxon Harold est transporté par les religieux au monastère de Waltham. Au fond on voit *l'abbaye de la Bataille*, fondée par le duc Guillaume sur le champ d'Hastings. Fac-similé d'une miniature des *Chroniques de Normandie*, manuscrit du xv⁰ siècle.

la lutte jusqu'à la fin du jour, tellement que les combattants des deux partis ne se reconnaissaient plus qu'au langage.

Alors finit cette résistance désespérée; les compagnons d'Harold se dispersèrent, et beaucoup moururent, sur les chemins, de leurs blessures et de la fatigue du combat. Les cavaliers normands les poursuivaient sans relâche, ne faisant quartier à personne. Ils passèrent la nuit sur le champ de bataille, et le lendemain, au point du jour, le duc Guillaume rangea ses troupes, et fit faire l'appel de tous les hommes qui avaient passé la mer à sa suite, d'après le rôle qu'on en avait dressé, avant le départ, au port de Saint-Valery. Un grand nombre d'entre eux, morts ou mourants, gisaient à côté des vaincus. Les heureux qui survivaient eurent, pour premier gain, la dépouille des ennemis morts.

Les mères et les femmes de ceux qui étaient venus de la contrée voisine combattre et mourir avec leur roi se réunirent pour rechercher ensemble et ensevelir les corps de leurs proches (fig. 132). Celui d'Harold resta quelque temps sur le champ de bataille, sans que personne osât le réclamer. Enfin, sa mère Ghita, surmontant sa douleur, demanda à lui rendre les derniers honneurs, offrant de donner en or le poids du corps de son fils. Le duc refusa durement, et dit qu'il n'aurait pour tombeau qu'un tas de pierres sur le sable du rivage. Par une cause que l'on ignore, cet ordre ne s'exécuta point; le corps du dernier roi anglo-saxon reçut une sépulture honorable dans l'église collégiale de Waltham, qu'Harold lui-même avait fondée.

## BATAILLE DE BOUVINES.

### 27 AOUT 1214.

Une ligue formidable s'était formée contre la France entre Jean, roi d'Angleterre, l'empereur Othon IV et Ferrand, comte de Flandre. Tandis que le premier opérait une diversion dans le Poitou, les deux autres, à la tête d'une armée de 50 à 60,000 hommes, s'avancèrent vers Lille. Philippe-Auguste réunit la sienne à Péronne; mais elle ne dépassait guère une vingtaine de mille hommes, composée pour près de moitié de milices, notamment celles des communes de Corbie, Amiens, Soissons (fig. 133), Beauvais, Compiègne et Arras.

Le 27 août, au matin, le roi se dirigeait de Tournai sur Lille lorsqu'on vint l'avertir que l'empereur se préparait à lui livrer

Fig. 133. — Sceau de la commune de Soissons, représentant le maire armé de toutes pièces au milieu des échevins de la ville (1228). Archives nationales de France.

bataille. Othon, en effet, avait compté attaquer les Français après que la moitié de leur armée aurait passé le pont de Bouvines, lequel traverse une petite rivière, la Marcq, qui se jette dans la Lys. Philippe, fatigué de la longueur du chemin, se reposait sous un frêne, à côté d'une église consacrée à saint Pierre. « A cette nouvelle, » dit le chroniqueur Guillaume le Breton, qui fut témoin oculaire de la bataille, « le roi entra dans l'église, et ayant adressé une courte prière au Seigneur, il en repartit, revêtit ses armes, et remonta tout joyeux sur son cheval. Au travers du champ, on entendit le cri : Aux armes! Les trompettes retentissaient, les escadrons qui avaient déjà franchi le pont revenaient en arrière; on fit redemander aussi l'oriflamme de Saint-Denis, qui, dans les combats, doit précéder toutes les bannières; mais, comme elle tardait à venir, on ne l'attendit pas. Le roi partit à cheval, et se plaça à la première ligne, où une hauteur le séparait des ennemis. Ceux-ci, voyant, contre leur espérance, que le roi était de retour, virèrent sur la droite et s'étendirent à l'occident, en occupant la partie la plus élevée de la plaine. Ils avaient le dos au nord et dans les yeux le soleil, qui, ce jour-là, était plus ardent que de coutume. »

Les deux armées demeurèrent ainsi un peu de temps, offrant une double ligne d'environ un millier de pas de longueur chacune. Autour de Philippe se pressaient les plus vaillants chevaliers, et derrière lui son chapelain Guillaume, qui ne cessa de chanter des psaumes pendant le combat, quoique sa voix, nous dit-il lui-même, fût souvent entrecoupée par les larmes et les sanglots.

D'abord les Français envoyèrent un corps de 150 écuyers à cheval, pour escarmoucher avec les Allemands; ils se replièrent bientôt, presque tous démontés. Quand les chevaliers vinrent à se heurter contre les chevaliers, les forces furent plus égales; des deux parts, il était presque impossible de blesser ou l'homme ou le cheval, au travers d'une armure impénétrable; les lances se brisèrent en éclats, et de grands coups de sabre, frappant sur les casques et les boucliers, en faisaient jaillir des étincelles. On entendait, comme dans un tournoi, répéter de côté et d'autre le cri : « Chevaliers, souvenez-vous de vos dames ! » Après trois heures d'un combat acharné, tout l'effort retomba sur les Flamands et leur comte Ferrand de Portugal, qui fut fait prisonnier (fig. 134).

Fig. 134. — Ferrand de Portugal, comte de Flandre, fait prisonnier à la bataille de Bouvines, et transporté à Paris. « Les clercs et lais chantent hymnes et chansons. » D'après une miniature des *Chroniques de Hainaut*, manuscrit du xvᵉ siècle. Bibliothèque de Bourgogne, à Bruxelles.

Pendant ce temps les milices communales arrivèrent sur le champ de bataille avec l'oriflamme, et se rangèrent devant Philippe. « Mais la chevalerie d'Othon, composée d'hommes belliqueux et hardis, les chargeant incontinent, les repoussa, les mit en désordre, et parvint presque jusqu'au roi. A cette vue, les chevaliers de son cortège s'avancèrent pour le couvrir, en le laissant un peu derrière eux, et arrêtèrent Othon et les siens, qui, avec une fureur teutonique, n'en voulaient qu'au roi seul. Tandis qu'ils se portaient ainsi en avant, les fantassins ennemis entourèrent celui-ci, et avec leurs petites lances et leurs crochets, ils l'entraînèrent à bas de son cheval, et ils l'y auraient tué, si l'excellence de son armure ne l'avait protégé. Un petit nombre de chevaliers qui étaient restés avec lui, repoussèrent ces audacieux, et Philippe remonta en selle avec une légèreté qu'on ne lui croyait point. »

Si le roi de France courut en ce moment un grand danger, il en advint de même de l'empereur d'Allemagne. Les Français se firent jour jusqu'à lui. L'un saisit la bride de sa monture; l'autre le frappa à la poitrine du poignard qu'il tenait à la main, et, en voulant redoubler, creva l'œil du cheval, qui tournoya et tomba mort. Mais Othon se déroba aux poursuites, et l'on vit s'enfuir ses soldats par cinquante ou cent à la fois. Les vaillants s'obstinaient encore au combat. Renaud, comte de Boulogne, avait disposé en cercle un certain nombre de sergents d'armes à lui; c'était comme une forteresse hérissée de piques, d'où il exécutait des sorties brillantes; il finit par se rendre à l'évêque de Senlis, Guérin, qui déploya une grande bravoure. Des routiers du Brabant, au nombre de 700, avaient été postés par Othon au milieu de son front de bataille : ils y demeurèrent les derniers. Après que tout avait fui autour d'eux, ils ne bougeaient non plus qu'une muraille. Philippe les fit charger par 50 chevaliers et 2,000 miliciens; ils furent presque tous tués sur la place. La nuit approchant, on rappela les Français, qui poursuivirent à peine l'ennemi l'espace d'une demi-lieue (fig. 135).

Ce récit, emprunté à un témoin oculaire, nous peint toutes les guerres du moyen âge dans cette seule bataille, qui ne différait d'un tournoi que par l'acharnement avec lequel on en voulait à la vie des vaincus; il nous fait comprendre la supériorité des no-

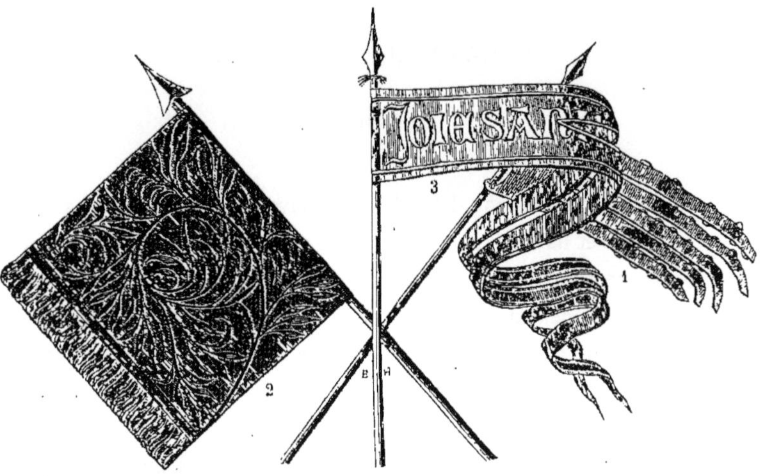

Fig. 135. — Représentation de la bannière de Saint-Denis. — N° 1, la plus ancienne, se voit sur un vitrail de la cathédrale de Chartres; la plus moderne, n° 3, appartient à un manuscrit de Froissart, de la Bibliothèque nationale, n° 2644 : l'original qu'elle représente a été témoin de la défaite d'Artevelde « emprès la ville de Rosebecque »; n° 2, dessin conservé par Montfaucon, tiré de la Bibliothèque des Célestins. D'après *Paris et ses historiens*, par MM. Le Roux de Lincy et L. Tisserand.

bles sur les roturiers, les uns bardés de fer, les autres faisant de leurs corps un rempart à leurs maîtres.

La victoire de Bouvines fut une des plus brillantes qui eussent été remportées par les Français. « L'ordre nouveau du peuple, dit Sismondi, avait fait des progrès vers son affranchissement, et acquis plus d'importance dans les armées. D'une part, on voit des satellites ou écuyers combattre à pied, ce qui montre qu'on commençait à sentir les avantages d'une bonne infanterie; d'autre part, on voit les légions des communes s'avancer hardiment au fort de la bataille, où elles devaient rencontrer des hommes presque invulnérables. »

## BATAILLE DE CRÉCY.

### 26 AOUT 1346.

Édouard III, roi d'Angleterre, vivement poursuivi par les Français et harassé par une marche continuelle de quarante-cinq jours, se trouvait acculé dans le Ponthieu. Il choisit une bonne position au delà du Crotoy, sur la lisière de la forêt de Crécy et jugea le moment venu de faire volte-face (fig. 136). Nous suivrons dans ce récit Henri Martin, qui s'est appuyé sur la chronique de Froissart et celle des religieux de Saint-Denis.

Le 26 août, Édouard fit faire sur ses derrières un grand parc, afin d'y loger charrettes et chevaux, et chaque hommes d'armes dut combattre à pied. La gendarmerie fut ainsi changée en infanterie pesante, rôle convenable à l'attitude défensive qui avait été adoptée. Gens d'armes, archers et couteliers furent disposés de manière à se prêter un mutuel secours, et Édouard fit ordonner trois *batailles* par son connétable et ses deux maréchaux. Le jeune prince de Galles fut placé à la tête de l'avant-garde, avec Jean Chandos, les comtes de Warwick et de Hereford; ceux de Northampton et d'Arundel commandèrent le principal corps. Quant au roi, il se réserva l'arrière-garde; puis, montant sur un petit palefroi, un bâton blanc à la main, il alla de rang en rang, exhortant joyeusement chefs et soldats. Après quoi, ses gens mangèrent

et burent tout à loisir, et s'assirent tous à terre, leurs bacinets
(fig. 137) et leurs arcs devant eux, se reposant pour être plus frais
quand l'ennemi viendrait.

L'armée anglaise devait compter une vingtaine de mille hommes. Philippe VI, qui était parti d'Abbeville, après le soleil levé,

Fig. 136. — Château du Crotoy, tel qu'il était au xv<sup>e</sup> siècle.

avec tous ses alliés et feudataires, traînait après lui 70,000 hommes, parmi lesquels environ 10,000 gens d'armes et un gros corps
d'arbalétriers génois. Il n'y eut jamais dans une armée si mauvaise ordonnance : « vous devez savoir que ces seigneurs ne vinrent mie tous ensemble, mais l'un devant, l'autre derrière, sans
arroi. » Les chevaliers allaient à volonté, bannière par bannière ;
les miliciens des communes, dont tous les chemins étaient cou-

verts entre Abbeville et Crécy, tirèrent leurs épées, criant : A mort !
à mort ! dès qu'ils eurent approché l'ennemi à trois lieues près.

Ce désordre ne laissait pas d'alarmer ceux qui avaient quelque

Fig. 137. — Chevalier coiffé du bacinet. D'après un manuscrit du xive siècle.

expérience de la guerre, et quatre chevaliers, que Philippe avait
envoyés en reconnaissance, lui conseillèrent de remettre l'attaque
au lendemain, afin d'attendre que tout le monde fût arrivé. « Le
roi commanda qu'ainsi fût fait ; » et ses deux maréchaux, les sires
de Saint-Venant et de Montmorency, chevauchèrent, l'un en avant

des colonnes, l'autre en arrière, en criant : « Arrêtez, bannières, au nom de saint Denis! » Les barons qui marchaient en tête s'arrêtèrent; mais les autres refusèrent d'en faire autant avant d'être

Fig. 138 et 139. — Varlet ou écuyer portant une *vouge*, sorte de hallebarde à large fer; et archer, armé en guerre, tendant la corde de son arbalète avec un tour à deux manivelles D'après les miniatures du *Jouvencel* et des *Chroniques de Froissart*, manuscrits du xve siècle. (Bibliothèque nationale de Paris.)

parvenus au même rang que les premiers. Quand ceux-ci les virent approcher, ils allèrent de l'avant, et ainsi l'on n'en put devenir maître.

Quand le roi de France vit les Anglais qui s'étaient levés, « les archers mis en manière de herse, et les gens d'armes au fond, le sang lui mua, car il les héait (haïssait), et dit à ses maréchaux : « Faites passer nos Génois devant et commencer la bataille. » Les Génois, ce jour-là, avaient fait cinq lieues à pied, tout armés, portant leurs lourdes arbalètes, sous une grosse pluie ; ils se débattirent contre l'ordre qu'on leur donnait, ce qui courrouça fortement le comte d'Alençon. « On se doit bien charger de telle ribaudaille, » dit-il (fig. 138 et 139).

Cependant, « se commença l'air à éclaircir et le soleil à luire bel et clair ; si l'avaient les Français droit en l'œil, et les Anglais par derrière. » Une fois rassemblés, les Génois « crièrent moult épouvantablement pour les ennemis ébahir ; » ils poussèrent encore deux autres cris, et se mirent « à traire » (tirer). Mais leurs arbalètes, trempées de pluie, n'envoyaient les carreaux qu'à quelques pas, tandis que celles des Anglais, soigneusement mises à couvert, décochaient « leurs sagettes si vivement que ce semblait neige ». Les Génois voulurent battre en retraite.

« Entre eux et les Français, dit Froissart, avait une grand' haie de gens d'armes, montés et parés moult richement, qui regardaient le covenant des Génois ; si que, cuidant retourner, ils ne purent ; car le roi de France, par grand mautalent (colère), quand il vit leur povre arroi, commanda : « Or tôt, tuez toute cette ribaudaille, il nous empêchent la voie sans raison. » Là, vissiez gens d'armes férir et frapper sur eux, et plusieurs trébucher et cheoir, qui oncques ne se relevèrent. Et toujours trayaient les Anglais en la plus grand'presse, qui rien ne perdaient de leur trait ; car ils empallaient et féraient parmi le corps ou parmi les membres gens et chevaux, qui chéaient à grand meschief, et ne pouvaient être relevés, si ce n'était par force et par aide de gens.

« Ainsi, ajoute le chroniqueur, commença la bataille, un samedi, à heure de vêpres. »

La bataille était perdue avant qu'on eût joint l'ennemi. Les flèches n'étaient pas ses seules armes : Édouard avait placé entre ses archers, selon le témoignage de l'historien Villani, « des bombardes qui, avec du feu, lançaient de petites balles de fer, et menaient si grand bruit et tremblement qu'il semblait que Dieu tonnât ». Les coups (on n'en put tirer que trois, dit-on) portèrent sur la haute noblesse, qui avait devancé le reste des gens d'armes. Aussi, désespérés de se voir massacrés sans honneur, comtes et barons firent des efforts inouïs, pour se débarrasser de la presse où les avait poussés leur aveugle furie. Ayant réussi à se rallier, ils fondirent sur les archers anglais, les enfoncèrent et vinrent combattre « main à main » contre les chevaliers du prince de Galles. Cette charge parut si dangereuse qu'on appela l'arrière-garde au secours.

Le roi anglais se tenait en observation sur la butte d'un moulin à vent. « Mon fils est-il mort, demanda-t-il à l'envoyé, ou si blessé qu'il ne se puisse aider ? — Nenni, Monseigneur, répondit l'autre, si Dieu plaît ; mais il est en dur parti d'armes, et aurait bien métier de votre aide. — Or, retournez vers ceux qui vous ont envoyé, et leur dites, de par moi, qu'ils ne m'envoient meshui (aujourd'hui) requerre, tant que mon fils sera en vie. Qu'ils laissent à l'enfant gagner ses éperons, car je veux, si Dieu l'a ordonné, que la journée soit sienne et que l'honneur lui en demeure. »

Encouragés de la sorte, les Anglais repoussèrent leurs fougueux adversaires. Le soir qui tombait porta le désarroi au comble. Le gros des gens d'armes (fig. 140), n'ayant pu suivre, essayèrent en vain de rejoindre leurs seigneurs ; ils venaient se jeter, par petites troupes, entre les flèches et les lances des Anglais, qui les criblaient de coups. Sur ces entrefaites, la plupart des princes et des hauts

Fig. 140. — Sergents d'armes du xɪᵛᵉ siècle, représentés sur une pierre gravée en creux, provenant de l'église de Sainte-Catherine du Val des Écoliers, à Paris.

barons, qui avaient percé jusqu'au cœur des batailles ennemies, y étaient enveloppés, abattus et massacrés sans quartier; car Édouard, ne prévoyant pas qu'on pourrait gagner tant de riches rançons, avait défendu de prendre « nul à rançon ni à merci ». Les *ribauds* gallois se glissaient à travers la foule et poignardaient les chevaliers au défaut de l'armure, avec leurs *coutilles,* « pour si grands sires qu'ils fussent ».

Ainsi périrent le duc de Lorraine, les comtes d'Alençon, de Flandre, de Savoie, de Blois, de Bar, d'Auxerre, de Saint-Pol, de Sancerre, d'Harcourt, l'archevêque de Sens, l'évêque de Nîmes, etc. On compta qu'il était resté sur la place 11 princes, 80 bannerets, 1,200 chevaliers et environ 30,000 autres « gens. » Le vieux roi de Bohême, Jean de Luxembourg, un des plus vaillants princes de la chrétienté, avait accompagné Philippe « en grand arroi », quoique aveugle depuis peu. Ayant été informé de la confusion où la déroute des Génois avait mis l'armée : « C'est un petit (mauvais) signe pour nous, » dit-il; et loin de songer à sa sûreté, il requit « très espécialement ses hommes de le mener si avant, qu'il pût férir un coup d'épée. Et eux, qui son honneur et leur avancement aimaient, s'y accordèrent. De peur de le perdre en la presse, ils se lièrent par les freins de leurs chevaux tous ensemble, mirent le roi tout devant, et si avant se boutèrent sur les Anglais que nul ne s'en partit, et furent trouvés lendemain sur la place autour de leur seigneur, et leurs chevaux, tous allayés ensemble. »

La chute de tant d'illustres bannières détermina la déroute complète du reste de la gendarmerie et des milices communales, qui n'avaient pas eu à combattre; les Anglais « ne bougèrent point du champ » pour les poursuivre. Philippe de Valois ne comptait plus autour de lui que cinq chevaliers. On l'emmena au château de la Broye. « Il trouva la porte fermée et le pont, car il était toute nuit.

Le châtelain vint avant sur les guérites et demanda tout haut :
« Qui heurte à cette heure? » Philippe répondit : « Ouvrez, c'est
l'infortuné roi de France. » Il but un coup, remonta à cheval, et
au point du jour entra en la bonne ville d'Amiens.

## BATAILLE DE ROSEBECQUE.

### 29 NOVEMBRE 1382.

Aussitôt que Philippe d'Arteveld eut été informé de l'invasion de
la Flandre par l'armée de Charles VI, il s'avança pour lui couper
la route de Bruges, et prit une bonne position, à une lieue de
Rosebecque. Quoiqu'il eût détaché une forte division devant Ou-
denarde, il comptait encore sous ses ordres environ 50,000 hommes des milices communales, armés, pour la plupart, de maillets,
d'épieux et de piques, et portant des chapels de fer, des hoque-
tons et des gants de cuir (fig. 141). Il les rangea en bataille derrière
un fossé large et nouvellement remblayé, le dos appuyé à un petit
bois de ronces et de genêts.

La veille, Arteveld donna à souper à leurs capitaines, et leur
dit, entre autres paroles, au témoignage de Froissart : « C'est
pour notre bon droit que nous combattrons, et pour garder les
juridictions de Flandre. Avec le roi de France est toute la fleur
de son royaume. Or, dites à vos gens qu'on tue tout, sans nul
prendre à merci, si ce n'est le roi; car c'est un enfant; il ne sait
pas ce qu'il fait et va ainsi qu'on le mène. Nous le mènerons à
Gand apprendre à parler et à être Flamand. Mais ducs, comtes et
autres gens d'armes, occiez tout; les communes de France ne
nous en sauront mauvais gré, car elles voudraient, de ce suis-je
tout assuré, que nul d'eux ne retournât en France. »

L'armée royale n'était pas moins nombreuse que celle des Flamands, et l'excellence de ses armes la rendait bien plus redoutable. Elle était presque toute composée de noblesse et de gendarmerie, qui avait mis pied à terre pour combattre; ses lances étaient plus longues, les cuirasses les protégeaient plus complètement. Le jeudi 29, après la messe, Olivier de Clisson, Jean de Vienne et Guillaume de Poitiers, « trois vaillants chevaliers et usés d'armes, » allèrent reconnaître l'ennemi. A son retour, le premier dit au roi, « en ôtant de son chef un chapelet de *bièvre* (castor) qu'il portait : « Sire, réjouissez-vous, ces gens sont nôtres; nos gros varlets les combattraient. — Connétable, répondit Charles, Dieu vous en oye ! Or, allons donc avant, au nom de Dieu et de monseigneur saint Denis. »

Cependant les Flamands, rangés en bataille une heure avant le jour, se sentaient transis par une brume épaisse et froide; ils demandèrent à grands cris qu'on les menât à l'ennemi. Leur chef, obligé de céder, changea ses dispositions. Il ne forma de cette

Fig. 141. — Guerrier flamand portant le costume des milices de Van Arteveld. Statue en pierre placée autrefois à l'un des angles supérieurs du beffroi de Gand; aujourd'hui aux Ruines de Saint-Bavon de Gand. — xive siècle.

masse d'hommes qu'une seule phalange carrée, qu'il rendit plus compacte encore, en engageant chaque soldat à se lier à son voisin,

et leur recommandant de marcher toujours d'un pas égal, la pique
basse, sans se détourner ni à droite ni à gauche. Quant à lui, il prit
place au milieu de ses fidèles Gantois (fig. 142), en qui il avait le
plus de confiance. Clisson, le meilleur capitaine français depuis la
mort de du Guesclin, ordonna autrement les troupes royales :
il déploya le principal corps sur un front au moins aussi large que
celui de l'armée flamande, et le flanqua de deux ailes, qui devaient
se replier sur elle et l'envelopper. Les préparatifs militaires eurent
une solennité inaccoutumée; 467 jeunes nobles reçurent l'ordre de
chevalerie; après quoi, tous les gens d'armes mirent pied à terre
et l'oriflamme fut déployée. Charles VI, à peine âgé de quatorze
ans, demeura seul à cheval, un peu en arrière, avec son jeune
frère Louis d'Orléans et huit seigneurs chargés de la garde de sa
personne.

On ne tarda pas à voir les Flamands, qui venaient « raides et
durs, » boutant de l'épaule et de la poitrine, « comme sangliers
forcenés ». Une décharge de leurs bombardes et canons ayant percé
la ligne française, ils se ruèrent dans cette trouée, et firent reculer
le centre; mais aussitôt les deux ailes, s'avançant de droite et
de gauche, se rabattirent sur leurs flancs, les « enclouèrent », et
les « commencèrent à pousser de leurs lances aux longs et durs
fers de Bordeaux ». L'armée communale, chargée de tous côtés
avec une égale furie, écrasée par tout le poids des assaillants et de
ses propres soldats, ne pouvait plus faire un mouvement. Ce
n'était plus qu'une cohue, où chaque homme attendait la mort,
incapable de la donner. Aussi le carnage fut-il horrible. Chevaliers
et écuyers ne firent de quartier à personne. « A peine étaient Flamands abattus quand pillards venaient qui se boutaient entre les
gens d'armes, et portaient grands couteaux, dont ils les paroc-
ciaient, non plus que si ce fussent chiens. »

Un peu plus loin, le chroniqueur ajoute : « Là fut un tas de
Flamands occis, moult long et moult haut. Et de si grand'foison

Fig. 142. — Garde bourgeoise de Gand. D'après une peinture murale de la chapelle Saint-
Jean et Saint-Paul à Gand, près de la porte de Bruges.

de gens morts, on ne vit oncques si peu de sang issir, parce qu'ils
étaient beaucoup d'étouffés dans la presse. »

La bataille dura une heure et demie. On ne fit pas un prisonnier.

Les hérauts d'armes rapportèrent qu'ils avaient trouvé 26,000 cadavres, sans compter ceux qui périrent dans la poursuite. Aucun Gantois n'avait fui; tous, au nombre de 9,000, gisaient en un monceau, et au milieu d'eux, Philippe d'Arteveld, qui n'était pas tout à fait mort. Le jeune roi le regarda un instant, et le fit pendre à un arbre. « Que diront maintenant ceux de Paris? » s'écrie Froissart dans son exaltation de la victoire féodale. « Que diront-ils quand ils sauront que les Flamands sont déconfits à Rosebecque? Ils n'en seront pas moult joyeux, eux ni maintes autres bonnes villes. »

En effet, Paris et les autres villes furent atterrées par la perte de la grande bataille; la bourgeoisie ne crut pas possible de résister aux hommes qui avaient vaincu « ces vaillantes gens de Gand »; aussi fut-elle la première victime de la réaction aristocratique.

## BATAILLE D'AZINCOURT.

### 25 OCTOBRE 1415.

Henri V, roi d'Angleterre, profita des luttes intestines qui avaient éclaté, pendant la démence de Charles VI, entre les Armagnacs et les Bourguignons, pour venir sur le continent réclamer la couronne de France. Il descendit en Normandie, s'empara de quelques places, et songeait à se frayer un chemin jusqu'à Calais, lorsqu'il rencontra, près d'Azincourt, l'armée royale, composée d'hommes de tous les partis, 50,000 au moins, quatre fois plus que n'en comptait celle de l'envahisseur (fig. 143).

« D'Abbeville, dit Michelet, l'armée des princes avait remonté la Somme jusqu'à Péronne, pour disputer le passage. Sachant qu'Henri était passé, ils lui envoyèrent demander, selon les us de la chevalerie, jour et lieu pour la bataille, et quelle route il voulait tenir. L'Anglais répondit qu'il allait droit à Calais, qu'il n'en-

Fig. 143. — Henri V, roi d'Angleterre. Gravure du XVIIe siècle. D'après une peinture du temps.

trait dans aucune ville, qu'ainsi on le trouverait toujours en plein champ, à la grâce de Dieu.

« Le jeudi 24 octobre, les Anglais, ayant passé Blangy, apprirent que les Français étaient tout près, et crurent qu'ils allaient attaquer.

Ils employèrent la nuit à se préparer, à soigner l'âme et le corps, autant qu'il se pouvait. D'abord ils roulèrent les bannières, de peur de la pluie, mirent bas et plièrent les belles cottes d'armes qu'ils avaient endossées pour combattre. Puis, afin de passer confortablement cette froide nuit d'octobre, ils ouvrirent leurs malles et mirent sous eux de la paille qu'ils envoyaient chercher aux villages voisins. Les hommes d'armes remettaient des aiguillettes à leurs armures, les archers des cordes neuves aux arcs. Ils avaient depuis plusieurs jours taillé, aiguisé les pieux qu'ils plantaient ordinairement devant eux pour arrêter la gendarmerie. Tout cela se faisait sans bruit. Le roi avait ordonné le silence sous peine, pour les nobles, de perdre leur cheval, et pour les autres, l'oreille droite.

« Du côté des Français, c'était autre chose. On s'occupait à faire des chevaliers. Partout de grands feux, qui montraient tout à l'ennemi ; un bruit confus de gens qui criaient, s'appelaient, un vacarme de valets et de pages. Beaucoup de gentilshommes passèrent la nuit dans leurs lourdes armures, à cheval, sans doute pour ne pas les salir dans la boue; boue profonde, pluie froide ; ils étaient morfondus.

« Le matin du 25 octobre 1415, jour de Saint-Crépin, le roi d'Angleterre entendit, selon sa coutume, trois messes, tout armé, tête nue. Puis il se fit mettre en tête un magnifique bassinet, où se trouvait une couronne d'or. Il monta un petit cheval gris sans éperons, fit avancer son armée sur un champ de jeunes blés verts, où le terrain était moins défoncé par la pluie, toute l'armée en un corps, au centre les quelques lances qu'il avait, flanquées de masses d'archers.

« Le terrain était en si mauvais état que personne ne se souciait d'attaquer. Le roi d'Angleterre fit parler aux Français. Il offrait de renoncer au titre de roi de France et de rendre Harfleur, pourvu

Fig. 144. — Chevalier armé et monté en guerre, au xv<sup>e</sup> siècle. Musée d'artillerie de Paris.

qu'on lui donnât la Guienne, un peu arrondie, le Ponthieu, une
fille du roi et 800,000 écus. Ce parlementage ne diminua pas,

comme on eût pu le croire, la fermeté anglaise; pendant ce temps, les archers assuraient leurs pieux.

« Les deux armées faisaient un étrange contraste. Du côté des Français, trois escadrons énormes, comme trois forêts de lances, qui, dans cette plaine étroite, se succédaient à la file et s'étiraient en profondeur; au front, le connétable, les princes, les ducs d'Orléans, de Bar et d'Alençon, les comtes de Nevers, d'Eu, de Richemont, de Vendôme, une foule de seigneurs, une iris éblouissante d'armures émaillées, d'écussons, de bannières, les chevaux bizarrement déguisés dans l'acier et dans l'or (fig. 144). Les Français avaient aussi des archers, des gens des communes; mais où les mettre? Les places étaient comptées, personne n'eût donné la sienne; ces gens auraient fait tache en si noble assemblée. Il y avait des canons, mais il ne paraît pas qu'on s'en soit servi.

« L'armée anglaise n'était pas belle. Les archers n'avaient pas d'armures, souvent pas de souliers; ils étaient pauvrement coiffés de cuir bouilli, d'osier même avec une croisure de fer; les cognées et les haches, pendues à leur ceinture, leur donnaient un air de charpentiers. Plusieurs de ces bons ouvriers avaient baissé leurs chausses pour être à l'aise et bien travailler, pour bander l'arc d'abord, puis pour manier la hache, quand ils pourraient sortir de leur enceinte de pieux et charpenter ces masses immobiles.

« Au moment décisif, lorsque le vieux Thomas de Herpingham, ayant rangé l'armée anglaise, jeta son bâton en l'air en disant : « *Now strike!* (Or ça, frappez!), » lorsque les Anglais eurent répondu par un formidable cri de 10,000 hommes, l'armée française resta encore immobile, à leur grand étonnement. Chevaux et cavaliers, tous parurent enchantés, ou morts dans leurs armures. Dans la réalité, c'est que ces grands chevaux de combat, sous la charge de leur pesant chevalier, de leur vaste caparaçon de

fer, s'étaient profondément enfoncés des quatre pieds dans les
terres fortes, et ils ne s'en dépêtrèrent que pour avancer quelque
peu au pas. Quant aux cavaliers, « ils estoient si pressés l'un de
« l'autre, qu'ils ne pouvoient lever leurs bras pour ferir les en-
« nemis, sinon aucuns qui estoient au front ».

Fig. 145. — Archer combattant. D'après une miniature des *Chroniques de Hainaut.*

« Les archers anglais, pour réveiller ces inertes masses, leur dar-
dèrent, avec une extrême raideur, 10,000 traits au visage (fig. 145).
Les cavaliers de fer baissèrent la tête, autrement les traits auraient
pénétré par les visières des casques. Alors, des deux ailes, de
Framecourt et d'Azincourt, s'ébranlèrent lourdement à grand ren

fort d'éperons, deux escadrons français. De 1,200 hommes qui exécutaient cette charge, il n'y en avait plus 120 quand ils vinrent heurter aux pieux des Anglais; la plupart avaient chu en route, en pleine boue; ceux dont les chevaux étaient blessés ne purent plus gouverner ces bêtes furieuses, qui revinrent se ruer sur les rangs français. L'avant-garde, bien loin de pouvoir s'ouvrir pour les laisser passer, était, comme on l'a vu, serrée à ne pas se mouvoir. On peut juger des accidents terribles qui eurent lieu dans cette masse compacte, les chevaux s'effrayant, reculant, s'étouffant, jetant leurs cavaliers, ou les froissant dans leurs armures entre le fer et le fer.

« Alors survinrent les Anglais. Laissant leur enceinte de pieux, jetant arcs et flèches, ils vinrent fort à leur aise, avec les haches, les cognées, les lourdes épées et les massues plombées, démolir cette montagne d'hommes et de chevaux confondus. Avec le temps, ils vinrent à bout de nettoyer l'avant-garde, et entrèrent, leur roi en tête, dans la seconde bataille... A ce moment, le duc de Brabant arrivait en hâte. Il avait laissé tous les siens derrière lui, il n'avait pas même vêtu sa cotte d'armes; au défaut, il prit sa bannière, y fit un trou, y passa la tête, et se jeta à travers les Anglais, qui le tuèrent aussitôt (fig. 146).

« Restait l'arrière-garde, qui ne tarda pas à se dissiper.

« Une foule de cavaliers démontés, mais relevés par les valets, s'étaient tirés de la bataille et rendus aux Anglais... Henri, voyant les siens embarrassés de tant de prisonniers, ordonna que chacun eût à tuer le sien. Pas un n'obéissait, croyant avoir fait fortune. Le roi désigna 200 hommes pour servir de bourreaux. Ce fut, dit un témoin, « moult pitoyable chose » de voir ces pauvres gens désarmés à qui l'on venait de donner parole, et qui de sang-froid furent égorgés, décapités, taillés en pièces. La bataille finie, les archers se hâtèrent de dépouiller les morts, tandis qu'ils étaient encore tièdes. Beaucoup furent tirés vivants de dessous les cadavres, entre autres le duc d'Orléans. Le lendemain, au départ, le vainqueur prit ou tua ce qui pouvait rester en vie.

« Les Anglais avaient perdu 1,600 hommes, les Français 10,000, presque tous gentilhommes, dont 7 princes, 120 seigneurs banne-

Fig. 146. — Bataille d'Azincourt. D'après une miniature des *Vigiles du roi Charles VII,* manuscrit du xv<sup>e</sup> siècle.

rets, plusieurs baillis, et l'archevêque de Sens, Montaigu, qui se battit comme un lion. Il n'y eut que 1,500 prisonniers, les ducs d'Orléans et de Bourbon notamment. Le roi les racheta à bas prix et en tira d'énormes rançons. « Si Dieu m'a fait la grâce de gagner la bataille sur les Français, disait-il au premier, ce n'est pas que j'en sois digne, c'est, je le crois fermement, qu'il a voulu les punir de leurs péchés. »

## BATAILLE DE PATAY.

### 18 JUIN 1429.

Après la délivrance d'Orléans, laquelle excita dans toute la France un enthousiasme universel, Jeanne d'Arc n'eut plus qu'un désir, c'était d'en finir avec les Anglais. Malgré maint obstacle opposé par l'indifférence du roi et le mauvais vouloir de ses favoris, elle obtint enfin, au bout d'un mois de supplications, de se mettre en campagne. Le 11 juin 1429, elle quitta Orléans, à la tête de 8,000 hommes, dont 600 lances amenées par le duc d'Alençon, et le reste « du commun », c'est-à-dire des milices bourgeoises, qui avaient hâte de se ranger sous l'étendard de « la fille au grand cœur », comme on l'appelait.

Suffolk et Talbot, qui commandaient en chef les Anglais, avaient commis la faute grave de séparer leurs forces : le premier s'était établi à Jargeau et le second à Meung, à l'est et à l'ouest d'Orléans. « Jeanne fit preuve, dit M. Dussieux, d'une intelligence surprenante : l'ennemi est séparé; elle en profite pour le battre isolément à l'aide de marches rapides et de combats vigoureux. Pour faire supporter à ses soldats si lourdement armés et chargés l'extrême fatigue que cette campagne d'une semaine va leur donner, elle paye de sa personne, reste complètement armée, sans interruption, jour et nuit. » Le 11, elle battit Suffolk à Jargeau, emporta cette ville d'assaut le 14 (fig. 147), et revint sur Meung, dont le pont fut enlevé le 15.

Beaugency venait de capituler et le connétable de Richemont était arrivé à l'armée avec 400 lances et 800 archers, lorsqu'elle apprit que Talbot se disposait à l'attaquer. Ici nous laisserons la parole à M. Wallon, le consciencieux auteur de la vie de l'héroïne.

Maîtres du château de Beaugency, les Français gagnèrent au

Fig. 147. — Prise de Jargeau. D'après un bas-relief de M. Foyatier. xixᵉ siècle.

plus vite la route de Blois à Paris, où ils espéraient de rejoindre les Anglais. Ceux-ci, avertis de leur marche par les coureurs, ne songèrent plus qu'à trouver un lieu favorable où ils pussent s'arrêter et les attendre, comme à Crécy, à Poitiers et à Azincourt. On donna donc à l'avant-garde l'ordre d'aller s'établir, avec l'artillerie et les bagages, le long d'un petit bois (près du hameau de Lignerolles), qui couvrait les abords de Patay. Pour y parvenir, il fallait traverser un bas-fond, puis un défilé resserré entre deux haies très fortes. Quand le corps principal arriva, Talbot, mettant pied à terre, promit d'y tenir avec 500 archers d'élite, jusqu'à ce que l'arrière-garde l'eût rejoint; il comptait ensuite, faisant retraite le long de ces haies, gagner à son tour la position où l'avant-garde avait précédé, et où tous se devaient réunir pour soutenir le combat.

Mais il en arriva autrement.

Les Français marchaient en avant, ne sachant au juste où était l'ennemi, et allant toujours, sur la foi de Jeanne. Elle leur avait dit que les Anglais les attendraient, et, comme on lui demandait où, elle avait répondu qu'on chevauchât sûrement et qu'on aurait « bon conduit ». Ils allaient donc dans la direction où l'on croyait que marchaient les Anglais, ayant pour éclaireurs 60 ou 80 de leurs chevaliers les plus braves et les mieux montés. Ils n'avaient rien vu encore, empêchés par le pli du terrain, lorsqu'un cerf, qu'ils firent lever, alla donner dans le corps de bataille ennemi, où il fut reçu à grandes clameurs. Ce bruit donna l'éveil à nos chevaliers, qui reconnurent l'Anglais, et le purent découvrir, marchant en belle ordonnance. Ils se hâtèrent d'en avertir le gros de leur armée, disant qu'il était l'heure de besogner, qu'on les aurait bientôt en face.

A cette nouvelle, le duc d'Alençon demanda à Jeanne ce qu'il fallait faire. « Avez-vous bons éperons? » lui dit-elle. Plusieurs, l'entendant, s'écrièrent : « Eh quoi! tournerons-nous le dos? — Nenni, en nom Dieu, ce seront les Anglais; ils seront déconfits, et vous aurez besoin des éperons pour les suivre. »

Comme on disait qu'ils avaient plus de 1,000 hommes d'armes : « Ah! connétable, dit-elle à Richemont, vous n'êtes pas

Fig. 148. — Après la victoire de Patay, Jeanne et les chefs de l'armée française remercient Dieu. D'après un bas-relief de M. Foyatier. XIX° siècle.

venu de par moi ; mais, puisque vous êtes venu, vous serez bien venu. En nom Dieu, il les faut combattre. Quand ils seraient pendus aux nues, nous les aurons. Le gentil roi aura aujourd'hui la plus grande victoire qu'il eut de longtemps. »

Jeanne voulait être à l'avant-garde. On la retint malgré elle, et l'on y mit la Hire, mais avec l'ordre d'attaquer les Anglais assez vivement pour leur faire tourner le visage, point assez pour qu'ils tournassent le dos. On voulait, en les retenant à cette escarmouche, donner au gros de l'armée le temps d'arriver, sans leur laisser à eux celui de gagner la position où ils comptaient se réunir. L'impétuosité de la Hire, sans doute aussi la terreur que Jeanne, même de loin, inspirait, déjouèrent ce calcul. Les Français tombèrent sur l'arrière-garde des Anglais avec furie et la dispersèrent.

Talbot pourtant demeurait ferme à son défilé, et Falstolf, fidèle au plan qu'on avait arrêté, faisait diligence pour aller rejoindre son général sur les derrières. L'avant-garde, le voyant venir à elle, crut qu'il se retirait, et, pour ne point perdre l'avance, prit la fuite. Falstolf tenta de faire volte-face et de marcher à l'ennemi : il était trop tard. Déjà Talbot se voyait enveloppé; la panique était générale, et les Français, maîtres du champ de bataille, tuaient ou prenaient ceux qui leur tombaient sous la main. Falstolf n'eut d'autre parti que de fuir à son tour, avec peu de monde. Les Anglais perdirent 2,000 morts et 200 prisonniers. Talbot était parmi ceux-ci. Comme on le présentait au duc d'Alençon, le jeune prince lui dit : « Vous ne pensiez pas, le matin, que cela vous arriverait. » Il répondit simplement : « C'est fortune de guerre. » (Fig. 148.)

Cette journée eut des résultats considérables. Tout le pays, qui détestait les Anglais, ne cherchait plus à cacher sa haine, et les garnisons qu'ils y tenaient s'empressèrent de déloger. Ce qui était plus grave, c'est que, même en plaine, ils ne paraissaient plus à craindre. Grâce à un habile emploi des armes de trait, à l'excellence de leur infanterie et à une tactique qui reléguait au second rang les brillants usages de la chevalerie, ils avaient acquis dans

les combats en rase campagne un renom de supériorité consacré
par les souvenirs de plusieurs victoires. Ce prestige était dissipé
comme les autres.

## BATAILLE DE GRANDSON.

### 3 mars 1476.

La garnison du fort de Grandson, en Suisse, après trois assauts
et dix jours de résistance opiniâtre, s'était rendue à miséricorde.
Amenée au camp du duc de Bourgogne, elle fut livrée aux bourreaux : quatre cents hommes furent pendus aux arbres prochains,
et les autres noyés dans le lac de Neufchâtel. Charles le Téméraire
avait cru que l'effroi de cette exécution lui soumettrait la Suisse;
ce fut le contraire qui arriva (fig. 149). Il avait établi son camp à
deux lieues en avant de Grandson, auprès du couvent de la Lance,
dans une position fortifiée avec art et défendue par une puissante
artillerie. Les contingents de chaque canton étaient arrivés, et
20,000 paysans, environ le tiers de l'armée bourguignonne, étaient
sous les armes, presque tous gens de pied.

Le 3 mars 1476, au matin, comme les chemins étaient encore
en partie couverts de neige, en partie changés en fondrières par la
pluie qui était tombée dans la nuit, l'avant-garde suisse se mit en
mouvement. « Marchons à ces vilains, dit le duc, bien que ce ne
soient pas gens dignes de nous. » Quand ils furent descendus au
milieu des vignes qui avoisinaient le lac, les Suisses tombèrent
à genoux pour prier, selon leur coutume, avant d'engager le combat. « Ils demandent merci, » criaient les Bourguignons.

Puis, dit Barante, « les Suisses s'avancèrent en bataillons carrés,
faisant un rempart de leurs longues piques et de leurs hallebardes.

Les bannerets, portant leurs enseignes, se tenaient au milieu ;
dans les intervalles étaient les canons, qui tiraient sans cesse. »
Sur les flancs, des troupes légères s'opposaient à ce qu'on pût
tourner le corps de bataille.

« Là, fut le fort du combat. Le duc faisait porter devant lui la

Fig. 149. — Grand sceau de Charles le Téméraire, duc de Bourgogne ; la légende latine
énumère tous ses titres et possessions féodales. xv⁰ siècle. Archives nationales de la
France.

grande bannière de Bourgogne et animait ses gens d'armes. Tout
avait été disposé avec si peu de prudence, qu'il n'avait là que son
avant-garde, l'élite de ses cavaliers, mais peu d'archers, d'arquebusiers et d'artillerie. C'était le sire de Château-Guyon qui commandait cette vaillante cavalerie. Il n'y eut sorte d'efforts qu'il ne
tentât pour rompre les bataillons de l'ennemi : toutes les attaques

Fig. 150. — Charles le Téméraire.

venaient s'arrêter devant les pointes serrées des hallebardes. »
Après avoir perdu ses meilleurs chevaliers, le duc se vit peu à
peu repoussé vers ce camp si bien fortifié, qui ne lui avait été de
nul usage, et vers le gros de son armée, dont son imprudence
l'avait séparé.

Cependant, le reste des Suisses avait continué à gravir les hauteurs. « Le duc vit tout à coup paraître à sa gauche une foule
d'ennemis, bien plus grande encore que celle qu'il avait déjà com-
battue. Ils avançaient avec un bruit effroyable, en poussant le cri :
« Grandson ! Grandson ! » comme pour rappeler leurs confédérés
mis traîtreusement à mort. Bientôt on entendit au loin le son
retentissant des trompes, nommées vulgairement *le taureau d'Uri*
et *la vache d'Unterwald*. « Qu'est-ce que ce peuple sauvage ? demanda Charles. — Ce sont les gens des vieilles ligues suisses, lui
dit-on, habitants des hautes montagnes, qui ont mis tant de fois
les Autrichiens en déroute. — En ce cas, reprit le duc, c'est fait
de nous, puisque la seule avant-garde nous a donné tant de
peine. »

Sans perdre courage toutefois, il essaya de rallier ses gens, se
jetant le premier à travers le danger. Peine inutile ! La retraite
précipitée de la cavalerie avait déjà répandu le trouble parmi les
Bourguignons. « Mais lorsqu'on entendit les cris des montagnards,
et le son effroyable et nouveau de leurs trompes, lorsqu'on les vit
descendre tête baissée et à grands pas, comme si rien ne dût les
arrêter, lorsque les coulevrines qu'ils avaient amenées tirèrent à
l'improviste, alors une terreur panique s'empara des esprits. Les
mercenaires italiens prirent la fuite ; tous couraient éperdus çà
et là, hâtant leur course et comme poursuivis par une puissance
invincible. Le duc les rappelait, les accablait d'injures, les frappait
à grands coups d'épée. Accablé de fatigue, épuisé de douleur et

de rage, resté presque le dernier, lui-même enfin prit la fuite, n'ayant plus ni camp ni armée, et s'en alla pendant six lieues dans le passage du Jura. « Ah! monseigneur, » lui disait le Glorieux, son fou, nous « voilà bien Annibalés. »

Le butin fut immense : évalué alors à trois millions, il équivaudrait de nos jours à dix fois cette somme. Sans compter les munitions, les chevaux, 400 pièces d'artillerie, 800 arquebuses, 300 tonneaux de poudre, les vivres, on saisit 27 bannières et 550 drapeaux. Les confédérés se partagèrent tant de dépouilles. On ad-

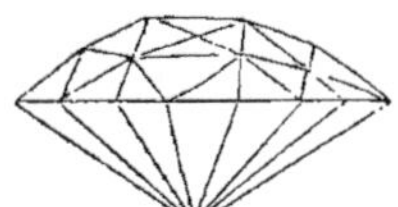

Fig. 151. — Le Sancy.

mirait surtout la magnificence des tentes, celle où était la chapelle, une autre qui renfermait la chancellerie, et le pavillon ducal, un des plus splendides du monde. L'or, les pierreries étaient partout. « La plupart de ces pauvres Suisses, dit Barante, étaient loin de connaître la valeur de ce qu'ils avaient conquis. Jamais de pareilles magnificences n'avaient paru à leurs regards; ils ne savaient ni ce qui était beau, ni ce qui était rare. Ils vendaient de la vaisselle d'argent pour quelques deniers, ne pensant pas qu'elle fût d'autre matière que d'étain; les vases d'or et de vermeil leur semblaient lourds et incommodes. Les tentures de soie et de velours, brodées en perles, les draps d'or et de damas, les dentelles de Flandres, les tapis d'Arras dont on trouva une incroyable abondance enfermées dans des caisses, furent coupés et distribués à l'aune comme de la toile commune dans une boutique de village. » Le gros diamant que le duc portait au cou, et qui avait autrefois orné la couronne du grand Mogol, fut trouvé sous un chariot et vendu un écu; il en fut de même du diamant *le Sancy* (fig. 151), qui fut acheté par le roi de France.

Telles étaient les immenses ressources de Charles le Téméraire qu'à peine rentré dans ses États, il s'occupa de lever une autre armée de 60,000 hommes, pourvue de 1,500 canons; il envahit une seconde fois la Suisse, et, le 22 juin suivant, essuya un nouveau désastre à Morat.

## BATAILLE DE MARIGNAN.

### 13-14 SEPTEMBRE 1515.

Les guerres de Charles VIII et de Louis XII, entremêlées de succès et de revers, pour conquérir Naples ou Milan, ou pour affaiblir l'État de Venise, avaient tourné au profit de l'Espagne et du saint-siège. A peine monté sur le trône, François I$^{er}$ ne songea qu'à prendre en Italie une éclatante revanche. Le danger dont il fallait triompher avant tout était l'armée des Suisses mercenaires, qui régnaient en Lombardie sous le nom du duc Maximilien Sforza (fig. 152). Ils gardaient tous les passages des Alpes et se croyaient en sûreté; mais on en découvrit un, le col de l'Argentière, des plus scabreux et jugé absolument impraticable.

L'avant-garde, soutenue par un corps d'infanterie dressé par l'ingénieur Pedro Navarro, s'y engagea. « Navarro, qui était l'inventeur des mines, dit Michelet, fit sa route à force de poudre, faisant sauter des blocs énormes. Le plus hasardeux, était sur les plus rapides glissades, au-dessus des précipices, de s'accrocher et d'enfoncer les premiers pieux sur lesquels on devait jeter des ponts, d'établir, le long des abîmes, des galeries en bois où les chevaux osassent passer, et sur ces frêles improvisations de charpentes tremblantes, gémissantes et criantes, de rouler de gros canons de bronze. Quand c'était impossible, avec des câbles on

Fig. 152. — Vue du château de Milan au xvi<sup>e</sup> siècle.

descendait les canons au fond de l'abîme pour les remonter de l'autre côté. » On fit également passer 500 petites pièces à dos de mulet, un nombre immense de charrettes, 2,500 lances (chacune de 8 hommes), et 20,000 lansquenets allemands. L'infanterie française se composait de 21,000 soldats. Cette merveilleuse entreprise fut exécutée en si grand secret et avec tant de rapidité, que, le cinquième jour, on débouchait dans les plaines de Saluces, à l'entrée de la Lombardie. Le général ennemi, Prosper Colonna, fut surpris à table par Bayard, et demanda si les Français étaient descendus du ciel.

L'armée, sous la conduite du roi et de son connétable, Charles de Bourbon, occupa sans résistance la plus grande partie du Milanais et vint camper à Marignan. Déjà les Suisses acceptaient un million d'écus pour se retirer, lorsque 20,000 de leurs compatriotes, accourus de leurs montagnes à la sollicitation du cardinal de Sion, l'implacable ennemi des Français, firent rompre les négociations. « Prenez vos piques, leur cria-t-il, battez vos tambours, et marchons sans perdre de temps, pour assouvir sur eux notre haine et nous abreuver de leur sang. »

Le jeudi 13 septembre 1515, à trois heures de l'après-midi, les Suisses sortirent de Milan, qu'ils occupaient, marchant pieds nus, par le droit chemin, entre deux fossés, sans autre manœuvre que de serrer les rangs et d'avancer à mesure que des décharges d'artillerie faisaient des trouées dans leurs colonnes. Ils arrivèrent ainsi aux lansquenets, qui, troublés d'une telle furie, reculèrent. Un corps de 2,000 piétons vint à leur secours, appuyé par François I<sup>er</sup> à la tête des gendarmes. Cette cavalerie, ne pouvant se déployer sur l'étroite chaussée, attaquait les Suisses de front, compagnie par compagnie. Le roi le dit dans une lettre à sa mère, lettre assez légère du reste, qui montre en même temps et sa bravoure et son incapacité pour comprendre l'ordre de la bataille qu'il venait de livrer : « Parce que l'avenue par où venaient lesdits Suisses était un peu serrée, ne fut si bien possible de mettre nos gendarmes de l'avantgarde comme si ce était en plein pays, qui nous cuida mettre en grand désordre. Et combien que lesdits hommes d'armes chargeassent bien et gaillardement, le connétable, le maréchal de Chabannes, et autres qui étaient là, si furent-ils reboutés sur

leurs gens de pied, avec grande poussière que l'on ne se pouvait
voir. »

Fig. 153. — Louis de la Trémouille. D'après Ghirlandajo, xvi<sup>e</sup> siècle.

Comme la nuit tombait, la scène devint extrêmement confuse.
On y distingue pourtant deux épisodes. D'une part, les lansquenets

tournèrent dans les marais pour prendre les Suisses par la gauche; mais ils s'embourbèrent et ne purent en sortir. A la droite, la batterie élevée par Navarro fut emportée par l'ennemi, avec un grand sacrifice d'hommes. Le combat continua pendant quatre heures au clair de la lune, les deux armées se mêlant toujours davantage. Les fossés avaient été comblés par les cadavres et franchis de part et d'autre. Le roi alla donner dans une forte division qu'il croyait sienne. « Ils me jetèrent, dit-il, six cents piques au nez, pour me faire voir qui ils étaient. » Bayard courut la même aventure, et traversa la première ligne de Suisses; il se laissa glisser à temps de son cheval, détacha son casque et partie de son armure, et parvint, en se traînant sur les mains et les pieds, à se tirer d'affaire. Vers onze heures du soir, « le connétable rallia tous les piétons français et quelque nombre de gendarmerie, fit une charge si rude qu'il en tailla 5 ou 6,000 en pièces, et jeta cette bande dehors. Nous, par l'autre côté, fîmes jeter une volée d'artillerie à l'autre bande; nous les chargeâmes, les emportâmes et leur fîmes repasser un gué qu'ils avaient passé sur nous. »

Toute la nuit retentirent les cors d'Uri et d'Unterwald pour rallier les Suisses, qui, croyant la bataille gagnée, faisaient bombance avec les vins et les tonneaux de vin envoyés de Milan. Un de leurs bataillons était si proche du roi, qui s'était retiré derrière son artillerie, que celui-ci ordonna d'éteindre ses feux, pour qu'on ne vît pas combien il était mal accompagné. Il se reposa sur l'affût d'un canon, et fut réduit, pour se rafraîchir, à boire une eau mêlée de sang. La nuit fut bien employée par la Trémouille (fig. 153), Trivulce et la Palice, vieux capitaines expérimentés; les fanfares incessantes d'un trompette qui accompagnait le roi rallièrent leurs différents corps autour de lui, et, aux premiers rayons du jour, ils se retrouvèrent en belle ordonnance.

« Si les Suisses avaient assailli le jour bien âprement, rapporte Fleuranges, encore firent-ils plus le matin. » Mais ils furent arrêtés dans leur nouvelle attaque par le feu meurtrier que dirigeait sur

Fig. 154. — Armement d'un chevalier sur le champ de bataille. Roman de *Lancelot du Lac*, manuscrit de la Bibliothèque nat. de Paris. XIIIe siècle.

eux le grand maître Galiot de Genouillac et par les charges de la gendarmerie. Hommes et chevaux, couverts de fer, fondant sur eux de tout leur poids, il fallait à des fantassins autant de dextérité que de courage pour choisir juste les rares défauts de la cuirasse. C'est ainsi qu'on dut frapper soixante-deux coups sur le fils de la Trémouille avant de le blesser mortellement. Ne pouvant enfoncer la masse compacte des lansquenets placés en avant de l'armée, les Suisses tentèrent de la tourner sur les côtés; l'une des ailes fut repoussée par Navarro avec un grand carnage, l'autre ne fut pas plus heureuse contre l'arrière-garde. Un de leurs corps s'était jeté dans une grande cassine, où l'on avait logé force tonneaux de vin de Beaune; Fleuranges les y surprit, y mit le feu et en brûla plus de 800.

Ce qui acheva de décourager les Suisses, c'est que vers dix heures du matin ils entendirent les cris de *Marco! Marco!* (Saint Marc). Barthélemi d'Alviano arrivait avec la tête du contingent de Venise, notre alliée. Ils crurent que toute son armée le suivait, et, ne voulant pas hasarder une bataille nouvelle contre des forces si disproportionnées, ils commencèrent à se replier sur Milan, mais avec une contenance si fière qu'on n'osa les poursuivre. La victoire n'était déjà que trop chèrement achetée : plus de 6,000 soldats furent laissés pour morts, et la perte des Suisses s'éleva à 15,000 hommes. Trivulce, qui avait assisté à dix-huit batailles, disait que toutes les autres journées n'étaient que des jeux d'enfants, mais que celle de Marignan était « un combat de géants ».

« Le soir du vendredi 14, raconte l'historien de la vie de Bayard, fut joie démesurée parmi le camp, et en parla-t-on en plusieurs manières, et s'en trouva de mieux faisants les uns que les autres; mais sur tous fut trouvé que le bon chevalier, par les deux journées, s'était montré tel qu'il avait accoutumé en autres lieux où il avait été en pareil cas. Le roi le voulut grandement honorer, et prit l'ordre de chevalerie de sa main (fig. 154); il avait bien raison, car meilleur ne l'eût su faire. »

L'effet de la victoire de Marignan fut immense en Europe, et la renommée éleva François I<sup>er</sup> à la hauteur d'un héros.

# BATAILLE DE PAVIE.

## 24 FÉVRIER 1525.

François I<sup>er</sup>, ayant résolu de reconquérir le Milanais qu'il venait de perdre après la mort de Bayard, passa les Alpes au mois d'octobre 1524 et alla mettre le siège devant Pavie; il avait sous ses ordres 2,000 lances et 20,000 gens de pied, allemands, suisses et français (fig. 155). Dans la place commandait Antoine de Leyva, le plus habile des généraux de Charles-Quint; il avait gardé, pour la défendre, 5 à 6,000 soldats, presque tous mercenaires. Quant à l'armée impériale, elle s'était retranchée sur l'Adda, trop faible pour intervenir.

Les murailles de Pavie n'étaient point entourées de fossés, en sorte que le roi, faisant approcher ses canons sans ouvrir de tranchée, eut bientôt pratiqué une large brèche. Quand il donna l'assaut, il trouva qu'au delà du mur, Leyva avait creusé un fossé profond; qu'il avait percé de meurtrières toutes les maisons des rues aboutissantes et les avait garnies d'arquebusiers. L'attaque échoua, et l'on perdit assez de monde. Les ingénieurs, sous la conduite de Pedro Navarro, tentèrent de détourner un des bras du Tessin, qui baigne les murailles de la ville, et de le rejeter dans l'autre bras; mais des pluies abondantes gonflèrent la rivière et détruisirent en quelques heures le travail de plusieurs jours. Il fallait alors en revenir à la méthode habituelle des sièges à cette époque, couper la ville de toutes communications avec l'extérieur, et attendre l'effet de la famine.

Trois mois s'écoulèrent, et Pavie résistait toujours. Le 25 janvier, les troupes impériales, grossies par un renfort de 12,000 lansquenets que leur amena le connétable de Bourbon, traître à son pays, vinrent prendre position en vue du camp français; deux capitaines renommés, Pescaire et Lannoy, les conduisaient. Tandis que l'ennemi avait réparé ses forces, le roi affaiblissait les siennes par des détachements sur Gênes et Naples. En présence du péril imminent, il tint un conseil de guerre. La Trémouille, Lescun, La Palice, Galiot, lui conseillèrent de ne pas se laisser enfermer entre la place et les mercenaires, alléguant que ceux-ci, sans munitions ni argent, ne pourraient manquer de se dissiper en peu de jours, si on leur refusait la bataille. Toutefois, ce fut l'avis des favoris, Chabot, Montmorency, Bonnivet surtout, qui prévalut. François n'avait guère besoin d'être persuadé : vingt fois il avait juré de mourir plutôt que de lever le siège, « imprudence la plus haute que puisse commettre un capitaine, » fait observer Guichardin.

On se contenta de resserrer les quartiers. L'armée fut rassemblée en un seul corps à gauche du Tessin, au-dessous de la ville; son front, du côté de Lodi, était couvert par un boulevard fossoyé, la droite appuyée à la rivière, la gauche aux murs d'un vaste parc qui entourait la maison de chasse des ducs de Milan, à Mirabello.

Les Impériaux demeurèrent trois semaines sans rien tenter de décisif; mais ce délai, au lieu de leur être fatal, tourna contre les Français : deux corps d'infanterie italienne, qui venaient rejoindre ces derniers, tombèrent dans une embuscade; un troisième se débanda, et les Grisons, au nombre de 8,000, abandonnèrent leur camp.

Le grand souci de Pescaire était d'attirer le roi hors de ses retranchements. N'ayant pu y réussir par de continuelles escarmouches, il ouvrit dans le mur du parc une brèche avec le bélier

et la sape, dont les coups n'étaient pas entendus au loin, et jeta
par là, deux heures avant le jour (24 février), toute son avant-
garde. Lorsqu'elle eut à traverser une grande clairière sous le feu
de l'artillerie, les décharges, dirigées par le grand maître Galiot
de Genouillac, y firent d'effroyables trouées. Pour échapper à ce

Fig. 155. — Le roi François 1er à la tête des seigneurs de sa cour. D'après un bas-relief
de l'hôtel de Bourgtheroulde, à Rouen. xvie siècle.

feu meurtrier, les Impériaux se mirent à courir à la file dans l'intention d'atteindre un petit vallon, où un pli du terrain pouvait
les mettre à couvert. A cette vue, le roi s'écria : « Les voilà qui
fuient! Chargeons. » Il s'élança aussitôt hors du camp avec ses
gens d'armes, masqua sa propre artillerie et la réduisit au silence,
au moment même où elle causait le plus de mal à l'ennemi. Ces
fuyards, que l'on croyait trouver en désordre, firent volte-face, et

reçurent par un feu bien nourri la charge des lances françaises,
qui s'arrêta net (fig. 156).

Fig. 156. — Groupe de condottieri. D'après une fresque de Signorelli. xvie siècle.

Bourbon et Pescaire, transportés de joie, formèrent à la hâte
leurs lignes de bataille. De toutes parts, on s'attaqua avec un
acharnement extrême, et si l'armée française avait manqué à la

tactique, elle racheta cette faute par une éclatante valeur. Mais les Suisses, postés à l'aile droite, ne soutinrent pas leur réputation, tournèrent le dos et battirent en retraite vers Milan; à côté d'eux, les lansquenets furent accablés sous le nombre et presque tous massacrés sur place; enfin, le duc d'Alençon en apprenant ce commencement de défaite, perdit la tête et s'enfuit lâchement, en entraînant l'arrière-garde, qu'il commandait.

Fig. 157. — Devise de François Ier, roi de France (1515-1547). Une salamandre au milieu des flammes, avec la légende : *Nutrisco et extinguo*, « J'en vis et je l'éteins ». D'après la croyance populaire, la salamandre vivait dans le feu et pouvait l'éteindre.

Tout le faix de la bataille retomba dès lors sur le roi et sur la vaillante noblesse qui se serrait autour de lui. Tour à tour il culbuta un escadron italien et celui des Francs-Comtois, et tua plusieurs assaillants de sa main. « La cavalerie espagnole, dit Henri Martin, n'eût pas soutenu davantage le choc, si Pescaire n'eût imaginé une manœuvre qui eut des résultats terribles : ce fut d'entremêler à ses cavaliers 1,500 ou 2,000 arquebusiers basques, d'une adresse et d'une légèreté à toute épreuve. Le feu de ces tirailleurs, qui se glissaient jusque dans les rangs français pour choisir leurs victimes, mit en désordre la gendarmerie. » De tous côtés, les chevaliers se dirigeaient vers l'endroit où ils savaient le roi en péril; Bussy d'Amboise, chargé de contenir la garnison de Pavie, quitta son poste pour venir à son secours et fut tué en arrivant. Les soldats d'Antoine de Leyva, profitant de ce qu'il leur laissait le passage libre, se précipitèrent sur le champ de bataille, où, ne trouvant plus d'ennemis, ils égorgèrent les prisonniers.

La gendarmerie rompue, dispersée, taillée en pièces, François Ier se dirigeait seul vers le pont du Tessin quand son cheval, frappé à mort, s'abattit sur lui; un gentilhomme le reconnut, l'aida à se relever et envoya chercher le vice-roi de Naples, Charles de Lannoy, qui reçut son épée en fléchissant le genou. La bataille n'avait guère duré plus d'une heure. Les Français avaient perdu 8,000 hommes, et plusieurs capitaines qui faisaient depuis trente ans la gloire de leurs armées : La Palice, La Trémouille, Lescun, Louis d'Ars; Bonnivet fut tué l'un des premiers.

A l'occasion de cette sanglante bataille, le roi écrivit à sa mère une lettre, où l'on remarque une phrase devenue célèbre, mais dont le texte doit être rétabli comme il suit : « Madame, pour vous faire savoir comment se porte le reste de mon infortune, de toutes choses ne m'est demeuré que l'honneur et la vie, qui est sauve (fig. 157). »

Rendu à la liberté au bout d'un an, il fit casser par une assemblée de notables le traité humiliant qu'il avait signé à Madrid, et se prépara à la guerre.

# BATAILLE DE DREUX.

## 19 DÉCEMBRE 1562.

Après avoir tenté une démonstration contre les faubourgs de Paris, le prince de Condé, chef du parti protestant, prit le chemin du Havre, avec son armée, forte de 8,000 fantassins, 5,000 cavaliers et quelques canons. L'armée royale, sous les ordres du connétable de Montmorency, le suivit, et l'atteignit, le 19 décembre 1562, dans les environs de Dreux : elle comptait 16,000 gens de pied et 2,000 chevaux.

Presque tous les chefs des deux partis se trouvaient en présence, et la haine qu'ils se portaient depuis longtemps s'était récemment accrue de tous les excès commis de part et d'autre depuis la reprise des hostilités. Il n'y eut pas d'escarmouches avant la bataille, qui commença, à une heure après midi, par grandes masses, et continua jusqu'à cinq heures avec une effroyable mortalité.

Les armées, divisées chacune en deux corps, avaient d'abord marché sur deux lignes presque parallèles. Le premier corps des catholiques, commandé par le maréchal de Saint-André, était déjà hors de vue, lorsque le connétable, qui menait le gros de ses forces, commit la faute d'engager le combat par une violente canonnade; il aurait dû attendre, pour attaquer un ennemi très supérieur en chevaux, que celui-ci eût quitté la plaine de Beauce et passé le bourg du Tréon, au delà duquel le pays devient couvert et entrecoupé de ravins et de collines. Il en résulta que son corps de bataille fut exposé à tout l'effort de ses adversaires. Coligny, avec sa cavalerie, fondit sur sa gauche, tandis que Condé le prenait par l'autre bout, et attaquait l'infanterie suisse. Montmorency, à la tête de huit escadrons de gendarmerie, rangés en une seule haie suivant l'ancienne tactique, les vit enfoncer du premier choc par les reîtres, auxquels leurs files redoublées donnaient un poids irrésistible; beaucoup s'enfuirent jusqu'à Paris, où ils répandirent l'alarme. Le duc d'Aumale, qui vint au secours de son chef, fut renversé et foulé aux pieds des chevaux; un des fils du connétable fut tué, et lui-même, blessé d'un coup de pistolet à la mâchoire, fut enveloppé et forcé de se rendre.

« A droite, rapporte Sismondi, Condé s'acharnait sur l'infanterie suisse, qu'il aurait mieux fait de laisser tranquille, afin de profiter de sa grande supériorité en cavalerie pour détruire ou mettre en fuite toute celle de l'ennemi. Les Suisses, traversés par plusieurs charges, n'abandonnèrent point le terrain : ils se ralliaient chaque fois, et, serrant leurs piques, ils présentaient toujours un front redoutable. Un bataillon de dix-sept enseignes de Français et de Bretons, qui était à côté d'eux, ne fit pas une si belle résistance : il fut bientôt rompu. Mais la cavalerie de Condé et de Coligny, en partie épuisée par tant de combats, en partie dispersée à la poursuite des fuyards, n'était plus en état de soutenir une attaque nouvelle. »

A peine il restait à ces deux capitaines 200 chevaux ensemble, lorsque l'avant-garde catholique, où se trouvaient le duc de Guise et Saint-André, rebroussa chemin et tomba sur eux. Peu d'instants suffirent pour changer l'aspect de la bataille. La cavalerie protestante entraîna Condé dans sa débandade; il n'alla pas loin : son cheval, atteint d'une arquebusade à la jambe, s'arrêta court, et le prince fut fait prisonnier. De son côté, Coligny, poussé l'épée dans les reins, rallia les débris des divers corps de son parti, et les ramena à la charge. Ce fut le plus terrible choc de la journée.

Fig. 158. — Bataille de Dreux. Sur le premier plan, le maréchal de Saint-André est tué d'un coup de pistolet. Fac-similé d'une gravure du temps.

Saint-André, battu, fut tué, entre les mains de ceux qui l'avaient pris, par un homme qu'il avait autrefois offensé (fig. 158).

Le feu meurtrier de l'infanterie brisa le retour offensif de Coligny, qui, à l'entrée de la nuit, se retira en bon ordre et alla loger au village de la Neuville.

Par une singularité qui ne s'était peut-être jamais rencontrée, les deux généraux en chef étaient prisonniers de part et d'autre. Le champ de bataille, jonché de 8,000 morts, resta aux catholiques.

## BATAILLE DE ROCROY.

### 19 MAI 1643.

La mort du cardinal de Richelieu, celle de Louis XIII qu'on pouvait regarder comme prochaine, quelques succès obtenus en Flandre, avaient enhardi les Espagnols, et don Francisco de Mello, gouverneur des Pays-Bas, s'était rapproché de la frontière. Le roi confia alors le commandement de l'armée du Nord au jeune duc d'Enghien (plus tard prince de Condé), en lui donnant le vieux maréchal de l'Hôpital pour conseil. Gassion, Espenan, la Ferté-Senneterre, la Vallière et Sérot étaient placés sous ses ordres.

Le duc d'Enghien, à peine âgé de vingt-deux ans, s'était déjà signalé au siège d'Arras; il brûlait du désir de s'illustrer par une grande action. Dès qu'il apprit que l'ennemi, après avoir menacé tour à tour les places fortes de la Picardie, avait tourné brusquement vers la Champagne et investi Rocroy (13 mai), il rappela les garnisons disséminées autour de lui, et marcha droit à sa rencontre. A peine s'était-il mis en mouvement, qu'un courrier lui apporta la nouvelle de la mort de Louis XIII et la pressante exhortation de Mazarin, le nouveau ministre, à ne rien hasarder. Dans ce moment critique, les suites d'une bataille perdue paraissaient incalculables; nul n'osait conseiller au prince de s'engager

Fig. 159. — Bataille de Rocroy. D'après une gravure de A. Boúdan. xviiᵉ siècle.

N. B. — Le duc d'Enghien occupe le centre de la composition; devant lui, fuit don Francisco de Mello, général des Espagnols, porteur de la canne qu'il *perdit à la bataille*, suivant la légende. Le cavalier qui tire un coup de pistolet, à gauche, est le maréchal de L'Hospital; aux pieds de ce dernier le baron d'Ambise, mestre de camp, renversé; derrière le duc d'Enghien, le comte d'Isembourg, qui fut blessé mortellement, et immédiatement devant lui le maréchal de Gassion.

plus avant. « Je serai mort, dit-il, avant d'être vaincu. » Il est probable qu'outre sa gloire, il considérait l'ébranlement de l'État, qui, pour se raffermir, avait besoin d'une victoire.

« Rocroy, » dit Henri de Bessé dans sa relation de cette journée,

« est situé dans le milieu d'une plaine, environnée de bois si épais et si pleins de marécages que, de quelque côté qu'on y arrive, il est impossible d'éviter des défilés longs et incommodes. On n'y peut aller que par petites troupes, hormis assez près, où le terrain, s'élevant peu à peu, devient plus sec et fournit un champ spacieux. » Mello désirait la bataille; aussi, confiant dans ses propres forces, il laissa son adversaire s'avancer, et ne fit aucune tentative pour lui disputer le passage des défilés.

Les deux armées se déployèrent dans l'enceinte dont nous avons parlé, fermée par des bois et un grand marais; c'était une espèce de champ clos, où, nulle fuite n'étant possible, le vaincu devait être écrasé. Enghien se forma sur une colline : en deux lignes, soutenues par une réserve. Les Espagnols, rangés dans un ordre à peu près pareil sur la colline opposée, étaient séparés des Français par un vallon, avec cet avantage toutefois que leur aile gauche était en partie masquée par un bois taillis, qui descendait assez bas pour y loger des tirailleurs. Ils comptaient 8,000 cavaliers, commandés par le duc d'Albuquerque, et 18,000 fantassins, sous les ordres d'un vieux partisan lorrain, le comte de Fontaine, que l'on a confondu à tort avec le grand comte de Fuentès. Le prince était parvenu à réunir 22,000 hommes, tant à pied qu'à cheval, et il les distribua entre l'Hôpital pour l'aile gauche, et Gassion pour l'aile droite (fig. 159).

Durant la nuit, les soldats allumèrent un si grand nombre de feux, que toute la plaine en était éclairée. « Les deux camps, dit Bessé, semblaient n'en former qu'un seul. On n'entendait aucune alarme, et à la veille d'une très sanglante bataille, il semblait qu'il y eût entre eux une espèce de paix. »

Au point du jour, le 19 mai 1643, Enghien engagea l'action avec son aile droite. Il chargea d'abord, à la tête de sa cavalerie, un corps de mousquetaires embusqué dans un petit bois, et avec une telle vigueur qu'ils demeurèrent presque tous sur la place. Puis, s'élançant sur l'aile gauche espagnole, il l'aborda de front, tandis qu'il la faisait prendre en flanc par Gassion. Les escadrons d'Albuquerque, ébranlés par cette double attaque, furent culbutés et se renversèrent les uns sur les autres. « A gauche, l'Hôpital ne combattait pas avec le même succès, car, ayant mené sa cavalerie au galop contre les ennemis, elle se mit hors d'haleine avant que de les joindre. Les Espagnols l'attendirent de pied ferme, et la rompirent au premier choc. Le maréchal eut le bras cassé d'un coup de pistolet, et vit en un instant toute son aile s'enfuir à vau-de-route. »

Alors le prince vit bien que le gain de la bataille dépendait des troupes qu'il avait auprès de lui. « Un autre avant Condé, a écrit Victor Cousin, n'eût pas manqué de revenir sur ses pas, de retraverser, dans une attitude équivoque, le champ glorieusement parcouru, et de se porter ainsi au secours de la gauche et du centre. Condé prit un tout autre parti : au lieu de reculer, il avança encore; puis, arrivé à la hauteur des lignes ennemies où était placée l'infanterie italienne, wallonne et allemande, il tourne à gauche, se jette sur cette infanterie, lui passe sur le ventre, et vient fondre sur les derrières de l'aile victorieuse. »

Ce beau mouvement, « illumination » de génie, décida du sort de la journée. De toute l'armée de Mello, il ne restait plus que la vieille infanterie espagnole, resserrée en un seul corps, dont le chef, Fontaine, octogénaire et perclus de goutte, se faisait porter sur une chaise. Le bon ordre où elle était et sa contenance fière témoignaient de reste qu'elle était résolue à se défendre jusqu'à la dernière extrémité. Le duc d'Enghien ne balança point à l'attaquer.

Peu s'en fallut que la bataille ne finît comme celle de Ravenne, où Gaston de Nemours s'ensevelit dans son triomphe devant cette même redoutable infanterie. Fontaine ne laissa point tirer que les Français ne fussent à cinquante pas. Son bataillon s'ouvrit alors, et il sortit d'entre les rangs une décharge de 18 canons chargés de cartouches, qui fut suivie d'une grêle de mousquetades. Le feu fut si grand, que les Français ne le purent soutenir, et si les Espagnols avaient eu de la cavalerie pour les pousser, jamais leur infanterie n'aurait pu se remettre en ordre. Le duc la rallia promptement, et recommença l'attaque avec le même insuccès; enfin, il les chargea par trois fois sans les pouvoir défaire. Après deux heures d'efforts, le prince appela sa réserve et plusieurs escadrons; il fit aussi avancer du canon, et, donnant à tout son monde un prodigieux élan, parvint à faire brèche à travers ces murailles vivantes. Le vieux Fontaine ayant été tué sur sa chaise, ses officiers, entièrement cernés, levèrent leurs chapeaux en l'air pour demander quartier. « Enghien s'étant avancé pour recevoir leur parole, rapporte Bessé, les Espagnols crurent que le prince voulait recommencer une autre attaque. Dans cette erreur, ils firent une décharge sur lui, et ce péril fut le plus grand qu'il eût encore essuyé. Ses troupes, irritées de ce qui venait d'arriver à leur général, l'attribuant à la mauvaise foi des ennemis, les chargèrent de tous côtés sans attendre l'ordre, et vengèrent par un carnage épouvantable le danger qu'il avait couru. »

De l'armée qui devait marcher sur Paris plus de la moitié fut détruite : 8,000 morts couvraient la campagne, et 7,000 tombèrent aux mains du vainqueur, avec tout le bagage, une trentaine de pièces d'artillerie et des centaines de drapeaux ou d'étendards. Du côté des Français, il y eut environ 2,000 hommes de tués. Le résultat fut immense : cette bataille, une des plus importantes

qui aient été livrécs sous l'ancienne monarchie, établit d'une
manière solide, aux dépens de la domination espagnole, la puissance militaire de la France, juste au moment où la mort de
Louis XIII allait laisser l'État dans les embarras d'une longue
minorité.

## BATAILLES DE STEINKERQUE ET DE NERWINDE.

### 3 AOUT 1692. — 29 JUILLET 1693.

Louis XIV, après la prise de Namur, avait laissé au duc de
Luxembourg le commandement dans les Pays-Bas.

Le maréchal était venu se poster près de Steinkerque, entre
Hall et Senef, sur un terrain entrecoupé de haies et de marais, et
d'un abord difficile pour tout assaillant; au contraire, il pouvait
être facilement rallié par Boufflers, campé à quelques milles de distance; des espions gagnés dans le camp ennemi le tenaient au courant de tous les desseins des alliés. Ce fut un de ces espions qui
faillit donner la victoire à Guillaume III, roi d'Angleterre. Découvert sans pouvoir nier, et sous la menace d'être mis à mort
immédiatement, il envoya de sa main à Luxembourg un faux
avis, qui devait confirmer le maréchal dans sa sécurité.

Tout à coup, le 3 août 1692, au point du jour, on signala
dans le camp français un mouvement des ennemis, que Luxembourg prit pour une simple manœuvre de fourrage, selon l'avis
de l'espion. Il n'y accorda aucune importance jusqu'à ce que la
brigade, dite la Bourbonnaise, fût vigoureusement assaillie, et,
après le premier choc, dispersée, en laissant ses tentes et son

canon. C'était donc une attaque générale. Luxembourg, qui n'en pouvait plus douter, prévint rapidement les autres conséquences de la surprise.

L'ennemi ne connaissait pas bien le terrain où il s'était engagé; il y rencontrait à chaque pas dès haies et des clôtures qui rompaient ses mouvements et rendaient la cavalerie inutile. A la faveur de ce retard, Luxembourg expédia à Boufflers l'ordre de rallier, mit ses troupes en bataille selon le terrain, et plaça en réserve la maison du roi (2,000 gardes), où l'on distinguait le jeune duc de Chartres, les princes de Conti, le duc de Vendôme. Les alliés, surpris à leur tour d'une résistance si vite organisée, s'opiniâtrèrent à l'attaque. D'abord, ils repoussèrent, avec un grand carnage, les Suisses de l'armée française; leurs fusils en plus grand nombre donnaient à leur feu plus d'ensemble et de vivacité; mais les Français, qui s'en aperçurent, jetèrent d'eux-mêmes leurs piques et leurs mousquets pour prendre les fusils des ennemis morts ou blessés. On combattait en colonnes profondes, et souvent corps à corps, au sabre, à l'épée ou à la baïonnette. C'était, de l'avis de Luxembourg, la mêlée la plus furieuse à laquelle il eût encore assisté. A la fin, l'arrivée de Boufflers, qui avait marché de lui-même au canon, et une dernière charge de la maison du roi, l'épée à la main, le maréchal en tête, décidèrent de la journée.

Le roi Guillaume, ayant perdu environ 7,000 hommes, se retira en bon ordre; mais, quoique vaincu, il tint encore la campagne. La victoire fit à la cour, à Paris et dans les provinces, un effet extra-ordinaire. On portait alors des cravates de dentelle, dont l'arrange-ment exigeait quelque peine. « Les princes, dit Voltaire, s'étant ha-billés avec précipitation pour le combat avaient passé négligemment ces cravates autour du cou; les femmes portèrent des ornements faits sur ce modèle : on les appela des *steinkerque*. Toutes les bijouteries nouvelles étaient *à la steinkerque* (fig. 160). »

Si la bataille de Steinkerque resta populaire, elle fut aussi une occasion de progrès dans l'organisation de l'armée. Elle avait prouvé la supériorité du fusil sur le mousquet et l'insuffisance de

Fig. 160. — Le grand Dauphin cravaté à la steinkerque.

la pique. Louis XIV, sans adopter encore exclusivement le fusil armé de la baïonnette, mit au moins la question à une nouvelle étude, qui devait hâter le triomphe du système préféré par Louvois. Elle était enfin, quoique bataille d'infanterie, une grande journée; elle releva l'infanterie du dédain où le roi s'obstinait à la tenir, et tout d'abord elle valut une médaille aux fantassins français.

*Virtus peditum Francorum* fut le second nom donné par l'histoire métallique à la victoire de Steinkerque. (GAILLARDIN.)

Le même général, avec ces mêmes troupes surprises et victorieuses à Steinkerque, alla surprendre, l'année suivante, le roi d'Angleterre, par une marche de sept lieues, et l'atteignit aux environs de Bruxelles; il amenait avec lui toute sa cavalerie, mais l'infanterie n'ayant pu le rejoindre que très tard, force lui fut de différer le combat jusqu'au lendemain, 29 juillet 1693.

Guillaume occupait, entre les villages de Nerwinde et de Landen, une bonne position, à laquelle il fit travailler toute la nuit, pour en couvrir le front par des fossés larges et profonds de quatre pieds, garnis de nombreuses pièces de canon. Il n'avait que 65 bataillons et 150 escadrons à opposer aux 96 bataillons et aux 210 escadrons de Luxembourg; mais il comptait, pour suppléer à cette infériorité, sur la fatigue des Français à la suite d'une longue marche et sur la force de sa position (fig. 161).

La canonnade se fit entendre le 29 juillet, dès cinq heures du matin; toutefois, la vraie attaque ne commença guère qu'à neuf heures. Le maréchal ordonna à la droite de contenir seulement l'ennemi, parce qu'il y avait de ce côté un ravin fort creux et difficile à franchir; il étendit au centre la plus grande partie de ses cavaliers, et poussa sur la gauche le gros de l'infanterie. Ce fut sur ce point, à l'attaque de Nerwinde, que se porta tout l'effort de la bataille. Trois fois, les Français essayèrent en vain de s'en emparer; quand les troupes harassées hésitaient, leur général, parcourant les rangs le chapeau à la main, et criant « qu'ils se souvinssent de la gloire de la France, » les ramenait au combat. La cavalerie, d'abord empêchée d'agir par les accidents du terrain, soutenait, immobile, le feu de 80 pièces de canon, et arrachait à Guillaume ce cri resté célèbre : « Oh! l'insolente nation! » On vit ce prince lui-même charger à la tête du régiment de Ruvigny, tout composé de gentilshommes français que la fatale révocation de l'édit de Nantes avait forcés de quitter leur patrie; il fut renversé sous son cheval tué, se releva, et continua le combat avec les efforts les plus obstinés.

On se battait depuis six ou sept heures par un des plus ardents soleils du mois de juillet, quand enfin le prince de Condé, avec les

Fig. 161. — Officiers supérieurs faisant une ronde. D'après Van der Meulen. xviie siècle.

gardes françaises et suisses, emporta Nerwinde, en même temps que d'Harcourt, attiré par le bruit du canon, accourait de six lieues de distance et prenait le village de flanc. Les retranchements détruits, la cavalerie put alors passer au travers de Nerwinde pour charger celle des alliés, et, après cinq charges successives, elle la poussa dans la Gette, où un grand nombre d'ennemis furent noyés. De son côté, le prince de Conti avait emporté le village de Landen. Tous les princes du sang avaient donné des preuves brillantes de leur courage.

Entre quatre et cinq heures, toutes les positions étaient forcées et l'ennemi en pleine retraite, abandonnant aux vainqueurs son artillerie, ses caissons, 1,400 prisonniers et 80 drapeaux. Jamais bataille n'avait été plus sanglante : on évalua la perte des Anglo-Allemands à 18,000 hommes, et celle des Français à 7,000. Malheureusement, le défaut de vivres et de fourrage empêcha la poursuite ; Guillaume, n'étant pas détruit, put rallier ses débris et se retrouva, grâce aux renforts qu'il reçut d'Allemagne, aussi fort qu'avant sa défaite.

## BATAILLE DE MALPLAQUET.

### 11 SEPTEMBRE 1709.

Lorsqu'en 1709 Villars arriva sur la frontière de Flandre, à l'entrée du printemps, il fut effrayé de l'état où il trouva l'armée.

« La misère était extrême, dit Sainte-Beuve : point d'habits, point d'armes, point de pain. Le pain surtout était l'inquiétude principale ; c'est à quoi Villars dut pourvoir tout d'abord et durant toute la campagne. Il n'y avait pas de magasins, et les subsistances n'arrivaient qu'au jour le jour ; on n'en avait pas d'assurées pour deux journées à l'avance, et ce n'était point la faute des intendants, mais le grain manquait dans tout le royaume, et la famine n'était pas seulement dans l'armée.

« Imaginez-vous, écrivait Villars au ministre, l'horreur de voir
« une armée manquer de pain ! Il n'a été délivré aujourd'hui que le
« le soir, et encore fort tard. Hier, pour donner du pain aux bri-
« gades que je faisais marcher, j'ai fait jeûner celles qui restaient.
« Dans ces occasions, je passe dans les rangs, je caresse le soldat,

« je lui parle de manière à lui faire prendre patience, et j'ai eu la
« la consolation d'en entendre plusieurs fois dire : « Monsieur le
« maréchal a raison, il faut souffrir quelquefois... » D'autrefois, ils
« se contentaient de plier les épaules et me regardaient d'un air
« de résignation qui m'attendrissait, sans plaintes ni murmures...
« C'est une merveille que la vertu et la fermeté du soldat à souffrir
« la faim. »

Ce n'était pas le dénûment seul qui accablait les troupes : elles
étaient démoralisées. Comme il arrive toujours à la suite d'une
longue série de revers, elles n'avaient plus confiance ni en leurs
chefs ni en elles-mêmes. Villars était le seul général qui pût la leur
rendre. Loin de songer à prendre l'offensive, il manœuvra pendant plusieurs mois de façon à couvrir la frontière de l'Artois.
Après la prise de Tournai, il jugea bien que les alliés cherchaient
une bataille. Quoique toujours inférieur en force, il était mieux en
état de la recevoir qu'au début de la campagne. Tandis qu'il n'a-
vait sous ses ordres que 90,000 hommes avec 80 canons, le prince
Eugène et le duc de Malborough, déjà vainqueurs à Hochstett et
à Ramillies, comptaient 120,000 hommes d'excellentes troupes,
Anglais, Hollandais et Allemands, et 120 pièces d'artillerie.

Dans la nuit du 8 au 9 septembre, Villars, qui s'était d'abord
replié sur Quiévrain, gagna au sud la chaussée de Bavay, afin
d'occuper la trouée d'Aulnoye et de Malplaquet. L'armée française avait là une position très forte. Ses deux ailes, composées
d'infanterie, tenaient, à droite, le bois de Lasnière, et à gauche,
le bois du Sars; de grands abattis d'arbres et des levées de terre
la protégeaient de chaque côté, en se prolongeant devant le centre,
petite plaine en pente vers laquelle montaient deux ravins et que
fermait, en avant, la petite rivière de l'Hongneau. Les deux ailes
se recourbaient comme les pointes d'un croissant sur ce centre, que

garnissait le reste de l'infanterie; en arrière, toute la cavalerie se déployait sur le plateau. C'était, selon les termes du rapport des alliés, tout ensemble une espèce de gueule infernale, un gouffre de feu, d'où il ne semblait pas qu'on pût approcher sans péril.

Villars se chargea en personne de l'aile gauche; il donna le commandement de la droite au vieux et brave maréchal de Boufflers, qui, bien que son ancien d'âge et de grade, était venu se mettre à sa disposition. « Le concert et l'intelligence étaient parfaits entre eux, fait observer Saint-Simon : l'un avec des manières de confiance et des égards toujours poussés au respect; l'autre, sans cesse soigneux d'admirer, de tout faire valoir, et, s'il avait quelque avis à ajouter, c'était avec les ménagements d'un subalterne honoré de la confiance de son supérieur. »

Il existe deux relations de la bataille de Malplaquet, publiées sur le coup même de l'événement, l'une par le gouvernement français, l'autre par les alliés, et qui s'accordent sur les points principaux. D'après ce double document, nous pouvons tracer un tableau général de la journée.

Le 11 septembre, le brouillard s'étant dissipé un peu avant huit heures, le canon commença à tirer, et une colonne de plusieurs bataillons de front attaqua vigoureusement la gauche; elle les reçut avec fermeté et les repoussa, à moitié détruits. Mais le feu continuel de ceux qui suivaient obligea les nôtres à céder, après une lutte opiniâtre de plus de deux heures. Villars, voyant ses troupes ébranlées et du terrain perdu, envoya chercher presque toute l'infanterie du centre, où il ne laissa que les gardes françaises et suisses, qui furent bientôt culbutées par une grande supériorité de nombre. Pour lui, il lança tout son monde contre l'ennemi et parvint à reconquérir le bois du Sars; assailli une seconde fois par des troupes fraîches, il reperdit peu à peu la position qu'il venait de reprendre. Sa retraite était bien avancée lorsqu'il reçut un coup de fusil au genou, et l'excès de la douleur lui causa une défaillance qui dura jusqu'à ce qu'il eût été transporté sans connaissance au Quesnoy.

A la droite, le combat fut très vif. Boufflers, après avoir repoussé vaillamment l'attaque de l'infanterie, dispersa également jusqu'à trois fois les nombreux escadrons qui se présentèrent et gagna beaucoup de terrain. La défaite du centre, le désastre de la gauche, la blessure de Villars, firent porter sur lui seul le poids de la journée. « Outré alors de se voir la victoire, qu'il tenait déjà, arrachée de la main, dit Saint-Simon, il se mit à inspirer de l'audace aux divisions de son aile par de courts propos en passant; et s'abandonnant à son courage, il chargea en personne si démésurément à la tête de tant d'escadrons et de bataillons que cela put passer pour incroyable. » Ses troupes l'imitèrent à l'envi; mais craignant de trop s'éloigner du reste de l'armée, sans nul avantage, il ne songea plus qu'à éviter le désordre et à faire une belle retraite. Le dernier épisode de cette fatale journée fut un fameux combat de cavalerie, « reprise qui dura longtemps et fut disputée têtes de chevaux contre têtes de chevaux ». A trois heures, tout était fini.

Boufflers mit toute l'armée en quatre colonnes, deux d'infanterie de chaque côté le long du bois, la cavalerie au milieu dans la plaine, et se retira lentement sur Valenciennes et le Quesnoy, sans être inquiété, sans perdre ni prisonniers ni drapeaux, à peine quelques canons. Le champ était jonché de près de 30,000 morts ou mourants. On marchait sur les cadavres entassés, surtout au quartier des Hollandais. « On peut s'étonner, ajoute Voltaire, qu'une armée qui avait tué aux ennemis deux tiers plus de monde qu'elle n'en avait perdu n'essayât pas d'empêcher que ceux qui n'avaient eu d'autre avantage que de coucher parmi leurs morts allassent faire le siège de Mons. Mais le nom de bataille perdue impose aux vaincus et les décourage. Les hommes ne font jamais tout ce qu'ils peuvent faire, et le soldat à qui l'on dit qu'il a été battu craint de l'être encore. »

Du reste, tout l'effort des alliés se porta contre Mons, qui fut forcé de se rendre; mais ils s'arrêtèrent là, et l'invasion de la Picardie fut abandonnée.

## BATAILLE DE DENAIN.

### 24 JUILLET 1712.

Pendant les négociations ouvertes pour la paix au congrès d'Utrecht et malgré la retraite des Anglais de la coalition, l'empire et la Hollande continuèrent les hostilités, et le prince Eugène, qui commandait leurs troupes, marcha sur la Sambre pour attaquer Landrecies. S'il parvenait à s'emparer de cette place, il occupait depuis Lille toute la frontière, base d'opérations très sûre, qui lui permettait de se porter sur Paris par la vallée de l'Oise. Une faute de ce général, qui avait gagné tant de batailles, fit échouer l'entreprise : ses lignes étaient trop étendues, ses magasins trop éloignés. Il s'agissait donc de l'obliger à lever le siège de Landrecies en manœuvrant sur les flancs et les derrières de son armée au lieu de l'aborder de front.

Le pays, que onze années d'une guerre malheureuse avaient épuisé d'hommes, de chevaux et d'argent, était plongé dans le découragement. Déjà les courtisans avaient conseillé à Louis XIV de se retirer derrière la Loire, et d'y attendre les événements. Mais le vieux roi, bien qu'accablé par les deuils réitérés qui venaient de frapper sa famille, prit la noble résolution de vaincre ou de périr les armes à la main ; il donna le commandement de sa dernière armée au maréchal de Villars, avec ordre de sauver à tout prix la ville de Landrecies, qui ne pouvait, étant entièrement à découvert, opposer une bien longue résistance. En prévision de là perte d'une bataille, il lui dit à son départ : « Je sais que des armées si considérables ne sont jamais assez défaites pour que la plus grande partie de la mienne ne pût se retirer sur la Somme. Je connais cette rivière, elle est très difficile à passer : il y a des places qu'on peut rendre bonnes. Je compterais aller à Péronne ou à Saint-Quentin y ramasser tout ce que j'aurais de troupes, faire un dernier effort avec vous, et périr ensemble ou sauver l'État, car je ne consentirai jamais à laisser approcher l'ennemi de ma capitale. »

Villars quitta Versailles dans la nuit du 17 au 18 avril. Son premier soin, en arrivant à l'armée, fut de visiter les positions des deux camps, d'assurer ses communications et de répartir dans ses cadres les renforts qu'on lui envoya. Trois mois se passèrent en tâtonnements : le maréchal cherchait le joint, comme dit Saint-Simon, avant de livrer une bataille décisive, d'où pouvait dépendre le sort de la France.

Le prince Eugène se croyait sûr de la victoire à cause de la supériorité de ses forces : il disposait, en effet, de 80,000 hommes d'infanterie, de 35,000 chevaux et de 120 bouches à feu, tandis que les Français n'avaient que 96,000 combattants et un peu moins d'artillerie. Mais il avait commis l'énorme faute, en mettant le siège devant Landrecies, de laisser ses grands magasins à Marchiennes, ville située sur la Scarpe, et à plus de 12 lieues du gros de son armée. Afin de parer à cet inconvénient, il avait établi à mi-chemin, c'est-à-dire au bourg de Denain, sur l'Escaut, un camp bien défendu, et relié à Marchiennes par deux lignes de retranchements. C'était la route suivie par les convois, et les Impériaux l'avaient nommée *le Chemin de Paris*.

« Cette situation, grosse de périls pour le prince Eugène, » dit M. Dussieux, « fut observée par le cabinet de Versailles, qui conçut le projet d'enlever Denain, de couper Eugène de ses magasins et de sauver ainsi Landrecies. Cette belle manœuvre est généralement attribuée à Villars; Saint-Simon prétend que l'auteur est le maréchal de Montesquiou; la vérité est que l'honneur de ce projet d'opération, si simple et qui a eu de si grands résultats, revient tout entier à Louis XIV. » Il s'en exprima très nettement plusieurs fois dans ses lettres, en laissant toutefois à son général une entière liberté d'exécution (fig. 162).

Celui-ci, convaincu à la fin, fit mine de vouloir passer la Sambre et y jeta quelques ponts. Le projet d'une semblable marche pour livrer bataille sous les murs de Landrecies semblait si naturel que le prince Eugène, tombant dans le piège qu'on lui tendait, concentra ses forces sur la Sambre afin d'être en mesure de donner la bataille dont il était menacé. Villars profita habilement de cette fausse manœuvre : le 24 juillet, à la pointe du jour, ses têtes de colonnes furent lancées en avant, de manière à franchir audacieusement l'Escaut à Neuville, entre Bouchain et Denain, occupés l'un et l'autre par l'ennemi.

Arrivé au bord de l'Escaut, il trouva plusieurs bateaux déjà en place, et nulle opposition de la part de l'ennemi. « Messieurs, » dit-il aux officiers qui l'entouraient, « les ennemis sont plus forts que nous; mais nous sommes Français, il y va de l'honneur de la nation. Il faut vaincre ou mourir, et je vais moi-même vous donner l'exemple. » Il revêtit un justaucorps de buffle, la seule arme défensive dont il se servait quelquefois, et passa à cheval la rivière, puis un marais assez profond pour que les soldats de la brigade de Navarre eussent de l'eau jusqu'à la ceinture. La double ligne de retranchements, défendue par plusieurs redoutes, fut emportée

Fig. 162. — Statue équestre de Louis XIV, par Le Sueur. xviie siècle.

sans peine. Alors l'armée, divisée en cinq colonnes, à deux cents pas de distance l'une de l'autre, s'avança sur Denain. L'avant-garde se composait de grenadiers; l'aile droite, soutenue par les dragons, était commandée par Montesquiou; l'aile gauche, par

Albergotti; le centre, par Villars. La cavalerie formait la réserve et l'arrière-garde.

On n'était plus qu'à une portée de fusil de Denain, lorsqu'à deux heures commença l'attaque des retranchements. Notre canon tirait de temps à autre, mais avec le peu d'effet d'une artillerie qui tire en marchant; celle des ennemis faisait de fréquentes salves. En vain ces derniers redoublent-ils d'ardeur, les Français se précipitent à la baïonnette, comblent les fossés, arrachent les palissades, franchissent les retranchements, pénètrent pêle-mêle dans le camp, et s'en rendent maîtres. On fait un carnage horrible, une quinzaine de mille hommes sont pris ou tués; un pont s'abîme sous les pieds des fuyards, et tout ce qui échappe aux armes du vainqueur va périr dans les flots de l'Escaut. « J'entrai dans le retranchement à la tête des troupes, » dit Villars dans ses *Mémoires,* « et je n'avais pas fait vingt pas que le duc d'Albemarle et six ou sept lieutenants généraux de l'empereur se trouvèrent aux pieds de mon cheval. Je les priai de m'excuser si les affaires présentes ne me permettaient pas toute la politesse que je leur devais, mais que la première était de pourvoir à la sûreté de leurs personnes. » Nous avions eu seulement 880 hommes tués et 1,200 blessés.

Eugène arriva sur les lieux vers la fin du combat, près d'un pont qui n'était pas rompu; il essaya de le passer, et cette tentative infructueuse lui fit perdre 7 à 800 hommes de plus. Une prompte retraite pouvait seule sauver les débris de son armée. « Villars était perdu, » dit le maréchal de Saxe, « si le prince Eugène eût marché à lui lorsqu'il passait la rivière en lui prêtant le flanc; il ne put jamais se figurer qu'une telle manœuvre serait faite à sa barbe, et c'est ce qui le trompa. » En effet, le prince la surveilla lui-même jusqu'à onze heures du matin; n'y comprenant rien, il s'écria : « Je

crois qu'il vaut mieux aller dîner, » et fit retirer ses troupes. Il venait
à peine de se mettre à table, lorsque le duc d'Albemarle lui manda
que l'armée française traversait l'Escaut et paraissait dans l'intention de l'attaquer; il se contenta d'expédier quelques brigades au
secours de Denain, et quand il reconnut son erreur, il n'était plus
temps d'intervenir.

Le maréchal avait été heureux autant qu'habile. Au reste, il
sut rapidement profiter de sa victoire : en trois mois, il reprit
Douai, le Quesnoy, Bouchain, enleva 200 canons et d'énormes
quantités d'armes et de munitions, et fit plus de 30,000 prisonniers. Ces avantages hâtèrent la signature de la paix, qui eut lieu
à Utrecht, le 11 avril 1713. C'est ainsi que l'affaire de Denain eut
les mêmes conséquences qu'aurait pu avoir une grande bataille.

## BATAILLE DE FONTENOY.

### 11 MAI 1745.

Nous avons quatre relations de cette journée fameuse dans les
*Lettres et Mémoires* du maréchal de Saxe, et, d'autre part, Voltaire en a laissé, dans *le Siècle de Louis XV,* un récit étendu,
l'un des plus remarquables morceaux de cet ouvrage, et dont il
tenait les détails de la bouche des principaux acteurs. Nous aurons recours à l'une et à l'autre de ces sources, sans négliger les
documents que peuvent fournir les historiens plus récents.

La guerre de la succession d'Autriche semblait avoir, par la
mort de l'empereur Charles VIII, son dénouement naturel. La
Bavière, notre alliée, se soumit à Marie-Thérèse, et la France,

n'ayant plus d'intérêt à continuer les hostilités, offrit de faire la paix; mais l'Angleterre et l'Autriche refusèrent de négocier, et il fallut se remettre en campagne sans autre but que de conquérir la paix à l'aide de quelques victoires.

D'après la volonté de Louis XV, on prit le parti de se défendre du côté de l'Allemagne et de l'Italie, où l'on envoya le prince de Condé et le maréchal de Maillebois, et d'agir offensivement en Flandre. Là devait être le véritable théâtre de la guerre; le roi s'y rendit avec le dauphin. Avant son arrivée, le maréchal de Saxe avait fait des démonstrations qui avaient persuadé aux alliés qu'il voulait attaquer Mons; puis, il s'était porté promptement sur Tournai, qu'il avait investi. La principale force de l'ennemi consistait dans le contingent anglais, sous le jeune duc de Cumberland, qui avait gagné avec Georges III, son père, la bataille de Dettingen; le prince de Waldeck, à peu près de son âge, commandait les Hollandais et les Allemands, et le vieux général de Kœnigseck était à la tête de quelques milliers d'Autrichiens. La réunion de ces différents corps ne dépassait guère 55,000 combattants.

L'armée française, forte de 80,000 hommes, était sous les ordres d'un capitaine qui inspirait la plus juste confiance. « Le comte de Saxe, rapporte Voltaire, avait déjà mérité sa grande réputation par de savantes retraites en Allemagne et par sa campagne de 1744; il joignait une théorie profonde à la pratique. La vigilance, le secret, l'art de savoir différer à propos un projet et celui de l'exécuter rapidement, le coup d'œil, les ressources, la prévoyance, étaient ses talents, de l'aveu de tous les officiers; mais alors ce général, consumé d'une maladie de langueur, était presque mourant. » Ses maux avaient dégénéré en hydropisie, et, même en campagne, il se faisait traîner dans une voiture d'osier qui lui servait de lit, quand ses forces épuisées ne lui permettaient pas de se tenir à cheval. On craignait de le voir succomber d'un moment à l'autre; toutefois, il vécut encore jusqu'en 1750 (fig. 163).

Maurice de Saxe n'attaqua Tournai que d'un seul côté, afin de pouvoir plus vivement faire face aux alliés si, comme il s'y attendait, ils le cherchaient pour lui livrer bataille. Ayant appris qu'ils s'avançaient, il alla à leur rencontre sur la rive droite de l'Escaut, et au nord de Tournai, après avoir laissé 20,000 hommes en observation devant cette ville. Il prit position au village de Fontenoy, appuyant sa droite à celui d'Antoing et sa gauche au petit bois de Barry. Tout cet espace, qui formait une espèce de triangle, fut garni de canons et de redoutes comme un camp retranché. Le champ de bataille n'avait pas plus de 1,000 mètres de long sur 1,800 de large.

Le 10 mai, toutes les dispositions étaient prises. Une partie de l'infanterie fut distribuée entre les trois points d'attaque qui s'offraient à l'ennemi; le reste, placé sur deux lignes, couvrit toute la plaine, et la cavalerie en arrière, également formée sur deux lignes. « Il avait assigné au roi et au dauphin, dit Sismondi, un poste d'où ils pouvaient, avec beaucoup d'apparence de sécurité, contempler la bataille, non toutefois que quelques boulets perdus n'y arrivassent de temps en temps. Une retraite facile leur était ménagée dans tous les cas par le pont de Calonne, fortifié et muni d'artillerie; en cas de malheur, l'armée devait se retirer par d'autres ponts en aval de l'Escaut. C'était sur une éminence qui couvrait le village d'Antoing, à côté d'un moulin. » Mais le général en chef ne tarda pas à éprouver que, dans un jour de combat, rien n'est moins commode que la présence d'un roi, simple spectateur qui ne prend part à aucun mouvement.

Le 11 mai, la canonnade commença dès six heures du matin. Les Hollandais et les Allemands assaillirent, les premiers, le village d'Antoing à deux reprises, et ne bougèrent plus. Un peu plus tard, les Anglais, lancés sur Fontenoy, revinrent trois fois à la charge; mais un feu violent d'artillerie et de mousqueterie arrêta les uns et les autres. On s'épuisa cinq heures en assauts inutiles.

Alors le duc de Cumberland, conseillé par Kœnigseck, prit une résolution qui pouvait lui assurer le succès de la journée : c'était de passer entre Fontenoy et la redoute du bois de Barry, à travers un terrain escarpé pour enfoncer le centre des Français, qui était derrière. L'entreprise était hardie; mais il fallait ou battre en retraite ou tenter le passage. Les Anglais et les Hanovriens, au nombre d'environ 20,000 hommes, composèrent cette fameuse colonne. Formés sur trois lignes très épaisses, ainsi qu'un carré long, fermé sauf un côté, ils avançaient sans presque déranger leurs rangs, traînant leurs canons à bras, six en tête et six au milieu d'eux. Des files entières tombaient à droite et à gauche, aussitôt remplacées. En abordant la première ligne de notre infanterie, où se trouvait la brigade des gardes, la colonne s'arrêta. On était à cinquante pas de distance. « Les officiers anglais, dit Voltaire, saluèrent les Français en ôtant leurs chapeaux. Le comte de Chabannes, le duc de Biron, qui s'étaient avancés, et tous les officiers des gardes françaises, leur rendirent le salut. Milord Charles Hay cria : « Messieurs des gardes, tirez! » Le comte d'Auteroche, lieutenant des grenadiers, leur dit à voix haute : « Messieurs, nous ne tirons jamais les premiers; tirez vous-mêmes. » Les Anglais firent un feu roulant, c'est-à-dire qu'ils tiraient par divisions, de sorte que le front d'un bataillon sur quatre hommes de hauteur ayant tiré, un autre bataillon faisait sa décharge, et ensuite un troisième, tandis que les premiers rechargeaient. La ligne française ne tira point ainsi : elle était seule, sur quatre de hauteur,

Fig. 163. — Tombeau du maréchal de Saxe, par Pigalle. xviiiᵉ siècle.

les rangs assez éloignés, et n'étant pas soutenue. » Cette décharge
tua ou blessa 411 hommes, dont 19 officiers.

Cependant, les Anglais avançaient à pas lents, comme à la parade. On voyait les majors appuyer leurs cannes sur les fusils des soldats pour les faire tirer bas et droit. Les régiments français, fantassins et cavaliers, venaient se briser contre cette colonne, « presque inébranlable par sa masse, et plus encore par son courage ». Il y avait de l'étonnement et de la confusion dans l'armée depuis le moment de la déroute des gardes. Gendarmes, carabiniers, gardes du corps, qui étaient en réserve, coururent sans ordre à l'ennemi, qui les reçut avec la même intrépidité et le même feu roulant; les régiments de Normandie, des Vaisseaux, du Hainaut éprouvèrent un sort pareil. Aucune attaque ne réussissait parce qu'on n'agissait pas de concert. L'artillerie de Fontenoy, faute de boulets, ne tirait plus qu'à poudre. La bataille paraissait perdue sans ressources; on ramenait de tous côtés les canons. Si les Hollandais étaient en ce moment venus donner la main aux Anglais, le désastre eût été immense, et par malheur, ce qui paralysait le maréchal de Saxe, c'était la préoccupation de la sûreté du roi et du dauphin.

Un conseil assez tumultueux se tenait auprès de Louis XV, lorsque le duc de Richelieu arriva, l'épée à la main et couvert de poussière. « Quelle nouvelle apportez-vous? » demanda le maréchal de Noailles. « Quel est votre avis? — Ma nouvelle, » répondit-il, « est que la bataille est gagnée, si on le veut; et mon avis est qu'on fasse avancer dans l'instant quatre canons contre le front de la colonne; pendant que cette artillerie l'ébranlera, la maison du roi et les autres troupes l'entoureront : il faut tomber sur elle comme des fourrageurs. » Cet avis, qui fut adopté, lui avait été, dit-on, suggéré par un simple officier. Le maréchal de Saxe n'eut pas de peine à s'y rendre.

Immobile et gardant une contenance fière, la colonne anglaise semblait être maîtresse du champ de bataille. Attaquée avec autant de vigueur que d'ensemble, de front et sur les flancs, elle fut ouverte en quelques minutes. Ce qui put s'en échapper repassa le ravin qui liait les deux redoutes, sans tumulte ni désordre, mais réduite des deux tiers. Il était trois heures de l'après-midi.

Le comte de Saxe décrit ainsi la fin de cette journée : « Pour dernier effort, j'ai pris la brigade des Irlandais, celle de Normandie et les débris des gardes françaises et suisses. J'ai mis M. de Lowendal à la tête, et je lui ai fait attaquer ce bataillon carré anglais, pendant que j'ai été prendre les carabiniers, qui avaient déjà été repoussés, avec lesquels je l'ai attaqué d'un autre côté. L'ancienne amitié qu'ils ont pour moi a, je crois, contribué au furieux coup de collier qu'ils ont donné. La maison du roi, jalouse des carabiniers, est partie à toutes jambes, en débandade, et a chargé en même temps, suivie d'une partie de la cavalerie. J'ai vu ce corps d'Anglais et d'Hanovriens détruit dans un moment. »

Les alliés eurent environ 10,000 hommes tant tués que blessés, et les Français 5,161, dont 1,715 officiers. Au sujet du traitement des blessés, Voltaire émet une remarque qui montre à quel point les idées d'humanité avaient fait des progrès à cette époque. « Jamais, dit-il, depuis qu'on fait la guerre, on n'avait pourvu avec plus de soin à soulager les maux attachés à ce fléau. Il y avait des hôpitaux préparés dans toutes les villes voisines, et surtout à Lille ; les églises mêmes étaient employées à cet usage digne d'elles. On ne cessait d'apporter aux malades des aliments délicats ; et les médecins furent obligés de mettre un frein à cet excès dangereux de bonne volonté. »

Le roi envoya un aide-major de l'armée porter à Frédéric II, alors notre allié, la nouvelle de cette victoire ; cet officier rencontra le roi de Prusse au fond de la basse Silésie, et assista, le 4 juin, à la bataille qu'il remporta sur les Autrichiens. La réponse de Frédéric fut aussi courte qu'expressive : « J'ai acquitté à Friedberg, » écrivit-il à Louis XV, « la lettre de change que vous aviez tirée sur moi à Fontenoy. »

Suivant une remarque de M. Dussieux, la bataille de Fontenoy est une mêlée sans tactique, mais c'est une victoire sur les Anglais, et, comme telle, elle a mérité de rester populaire. Si elle ne contribua point à la signature immédiate de la paix, elle nous rendit maîtres de toute la Flandre.

# TABLE DES MATIÈRES.

Pages.